hänssler

GÜNTHER KLEMPNAUER

Siegfried Buchholz

Gottes Grenzgänger zwischen Management und Menschlichkeit

Günther Klempnauer, geboren 1936 in Marienburg und wohnhaft in Siegen. Hochschulstudium mit Staatsexamen in Theologie, Pädagogik und Sport. Berufliche Erfahrung als Kaufmann, Auslandskorrespondent, Gemeindepastor und Oberstudienrat. Heutiger Schwerpunkt: Publizistische Aktivitäten (u. a. Interviews mit Menschen ganz oben und ganz unten), Predigtdienste, Lehr- und Vortragstätigkeit u. a. über Gegenwartsfragen aus christlicher Sicht und Erfolgsmanagement. Autor von 13 Büchern.

Siegfried Buchholz, geboren 1930 in Westfalen, jetzt wohnhaft in Baden bei Wien in Österreich. Studium der Chemie, Diplomchemiker, Dr. rer.nat. 33 Jahre BASF in Deutschland, USA (Vice-President BASF Cooperation) und Österreich (Generaldirektor). Dann Vorstandsvorsitzender der CONSTANTIA Industrieholding. Autor von 5 Büchern. Heute Managementberater und Managementcoach.

hänssler-Hardcover
Bestell-Nr. 393.716
ISBN 3-7751-3716-5
2. Auflage 2003

Internet: www.haenssler.de
E-Mail: info@haenssler.de
Titelfoto: Renate Apostel
Umschlaggestaltung: Ingo C. Riecker
Satz: AbSatz, Klein Nordende
Druck und Bindung: Ebner & Spiegel, Ulm
Printed in Germany

ZUR EINSTIMMUNG

Es war eine großartige Chance: Der Leiter der Abteilung »Weiterbildung für obere Führungskräfte« bat mich, einen bestimmten Part bei dem zweimal jährlich stattfindenden Seminar für das mittlere Management zu übernehmen. Unter all den andern »hard facts«-Themen nahm sich das mir gegebene »soft facts«-Thema etwas seltsam aus: SINN DER ARBEIT.

Nachdem der Wunsch, über dieses Thema zu reden, aber aus der Zielgruppe meiner eigenen Managerkollegen kam, nahm ich die Einladung gerne an. Schließlich bot sich hier eine gute Gelegenheit, zu guten Fragen gute Antworten zu finden. Es bestand die Möglichkeit, von Gott zu reden.

Es gelang mir bei jedem Seminar, immer wieder Karriereplanung mit Lebensplanung zusammenzubringen und christliche Wertmaßstäbe in die Zielfindung einfließen zu lasssen. Nach jeder Veranstaltung wurden die Teilnehmer aufgefordert, nicht nur das ganze Seminar, sondern auch die verschiedenen Referenten zu beurteilen. Trotz (oder wegen?) meiner »frommen« Beiträge fand ich mich bei der jeweiligen Referenten-Hitliste immer auf dem ersten oder zweiten Platz. Es war offensichtlich, dass auch in meinem Unternehmen bei den Managern und Führungskräften die Sinnfrage ein echtes Thema war.

Eines Tages setzte sich der für die gesamte Führungskräfte-Weiterbildung zuständige Direktor dazu und hörte sich an, was ich zu sagen hatte. Am Ende meiner Ausführungen kam er dann auf mich zu und sagte mir leicht lächelnd, aber mit bestimmter Stimme: »Herr Buchholz, Sie sind heute mal wieder bis an die Grenze gegangen!« Damit endete mein Part bei dieser Seminarreihe. Ich wurde nicht wieder eingeladen.

Es war mir natürlich vorher bewusst gewesen, dass ich bei dieser Darstellung meines christlichen Glaubens immer wieder mal bis an die Grenze ging.

Aber von diesem Augenblick an stand für mich felsenfest: Wenn ich andere Menschen mit der Botschaft von CHRISTUS erreichen will, dann muss ich immer wieder mal bis an die Grenze gehen. Denn nur dort finden in der Regel jene Erschütterungen statt, die für uns notwendig sind, um das Wichtigste im Leben auch nur zu erahnen: Jeder Mensch ist darauf angelegt, seinem Schöpfer zu begegnen.

Einige Zeit später erlebte ich die gleiche Grenze von einer anderen Seite. Eines unserer Vorstandsmitglieder feierte seinen 60. Geburtstag und wir Mitglieder der Direktionssitzung waren zu einem Empfang in das Casino des Unternehmens eingeladen. Als ich an der Reihe war, dem Geburtstagskind zu gratulieren, sagte er mir: »Einer unserer großen Kunden hat mir eine Tonbandkassette geschickt mit einer Rede, die Sie bei einer Veranstaltung christlicher Geschäftsleute und Führungskräfte gehalten haben (IVCG). Der Kunde war offensichtlich begeistert. Ich habe mir die Kassette ebenfalls angehört und bin sehr angetan davon. – Machen Sie das bitte weiter. Was Sie da tun, ist vielleicht sogar wichtiger als das, was Sie bei uns tun!«

Hier wurde mir nicht Freiheit entzogen wie bei meinem Seminarauftritt, hier wurde mir sogar Freiheit gegeben. Und Freiheit ist wichtig, denn man muss innerlich frei sein, wenn man Grenzen austesten will. Es war George Orwell, der einmal sagte: »Freiheit ist vor allem das Recht, anderen Leuten das zu sagen, was sie nicht hören wollen.«

Siegfried H. Buchholz

INHALT

Frühwarnsysteme in Europa und deren Bilanz

Die Titanic, Allmacht und Ohnmacht

Das 21. Jahrhundert hat begonnen. Wenn wir in die Zukunft schauen, träumen die einen von einem globalen Zeitalter, in dem der Mensch mit seinen unbegrenzten Möglichkeiten den Himmel auf Erden schaffen soll. Die andern dagegen beschwören den Untergang der Menschheit herauf.

Dabei fällt mir die Tragödie vom Untergang der Titanic ein. Dieser symbolträchtige Luxusliner erregt unsere Gemüter seit nunmehr achtzig Jahren. Enthusiastisch wurde die Titanic als Symbol des Fortschritts und der unbegrenzten menschlichen Möglichkeiten gefeiert. Auf seiner Jungfernfahrt über den Atlantik stieß das seinerzeit komfortabelste, schnellste und sicherste Schiff der Welt am 15. April 1912 auf einen Eisberg und riss 1495 reich begüterte Passagiere mit sich in die Tiefe des Nordatlantiks. Worin besteht nach Ihrer Meinung die Faszination der Titanic für den heutigen Zeitgenossen?

Der übersättigte Mensch, der keine materiellen Bedürfnisse mehr hat, ist der Neugier verfallen; er möchte etwas Prickelndes und Exotisches erleben – den Tanz auf dem Vulkan. Das Spiel mit der Angst und das Liebäugeln mit dem Tod: Der Fallschirmspringer zieht die Reißleine erst im allerletzten Augenblick und der Rennfahrer fährt am äußersten Limit. Was tut man nicht alles für den ultimativen Kick.

Vielleicht gilt dieses Phänomen auch für den gleichnamigen Film »Titanic«, den teuersten Kinofilm des 20. Jahrhunderts. Das technische Wunderwerk beeindruckt ebenso wie die gut gespielte Romanze des jungen Liebespaares. Das Spiel mit der Gefahr steht auch hier im Vordergrund.

Der Mensch will Gott spielen

Auf dem Bug der Titanic standen die Worte »No God« (es gibt keinen Gott). Die ungeheure Anmaßung des Menschen, Gott spielen zu wollen, zieht sich wie ein roter Faden durch die Weltgeschichte. Je mehr Macht dem Menschen zufällt, desto versuchlicher ist er, desto größenwahnsinniger kommt er sich vor. Wie beurteilen Sie als Wirtschaftsmanager die Notwendigkeit eines Glaubens an Gott in unserm globalen Zeitalter?

Die Geschichte des Untergangs der Titanic könnte man fast mit einer Fallstudie für schlechte Führung vergleichen. Der Kapitän dieses Schiffes hat alles falsch gemacht, was man in einer solchen Situation überhaupt hatte falsch machen können.

Wenn ich die letzten 50 Jahre unserer Weltgeschichte überdenke, werde ich an den Apostel Paulus erinnert, der vor zweitausend Jahren seinen Freunden in Rom einen Brief schrieb. Da lesen wir im ersten Kapitel seines Römerbriefs: »*Weil die Menschen es für unnötig hielten, Gott anzubeten und sich nach ihm auszustrecken, hat Gott sie ihrem unbrauchbar gewordenen Verstand überlassen.*« Treffender kann man unsere Zeit nicht illustrieren.

Unsere Zeit hat eine gigantische Illustration für dieses Paulus-Wort geliefert. Während sich das Wissen der Menschheit noch vor 250 Jahren alle fünfzig Jahre verdoppelte, geschieht dies heute etwa alle drei Jahre. Man sagt, etwa achtzig Prozent aller Denker, Erfinder, Forscher und Wissenschaftler leben heute. Die Anzahl der klugen Leute und ihre Aufsehen erregenden Erfindungen wächst ins Unermessliche. Nie zuvor haben wir so viel Wissen angehäuft wie heute.

Zugleich müssen wir jedoch beschämend eingestehen, dass die Menschheit nie zuvor so viele Torheiten begangen hat wie in den letzten 50 Jahren. Denken wir allein an die hemmungslose Vergeudung unserer Ressourcen. Die Kombination von so viel Intelligenz auf der einen und soviel Dummheit auf der andern Seite spiegelt sich im ersten Kapitel des Römerbriefs wider: »Sie bildeten sich etwas auf ihre Klugheit ein, aber in Wirklichkeit sind sie zu Narren geworden« (Römer 1,28).

Der elektrisch betriebene Zug bleibt ohne Kontakt zur Oberleitung stehen. Wir stehen da wie bestellt und nicht abgeholt. Die göttliche Strafe besteht darin, dass Gott uns einfach seinen Kraftstrom entzieht und wir sehen müssen, wie wir ohne ihn zurechtkommen. Unser untauglich gewordener Verstand schwebt im freien Raum, weil er sich von dem abgeseilt hat, der ihm seine Intelligenz gibt. Deshalb leben wir in einer säkularisierten Gesellschaft. Säkularisation heißt: Sich abseilen von dem, der uns hält.

Der Mensch als Geschöpf kann offensichtlich nur in seiner Bindung an seinen Schöpfer intakt sein. Das Geschöpf kann wohl nicht unabhängig von seinem Schöpfer sinnvoll und verantwortungsbewusst operieren. Die aus langer Erfahrung überlieferten biblischen Werte- und Schöpfungsordnungen, die uns Orientierung und Handlungsgewissheit gegeben haben, scheinen für den gottlosen Menschen bedeutungslos geworden zu sein.

Orientierungsverlust mit weit reichenden Verunsicherungen

Wie wirkt sich diese gottlose Haltung im Wirtschaftsleben aus?

Wer seine Landkarte verliert, gerät schnell auf Abwege. Wir erleben heute überall einsetzenden Orientierungsverlust und weit reichende Verunsicherungen. Die zunehmende Vernunftlosigkeit schürt die Angst, den Aufgaben in einer Epoche ständig wachsender Risikobefrachtung und Komplexität nicht mehr standhalten zu können.

In den Führungsetagen der Wirtschaftsunternehmen nimmt die Ratlosigkeit erschreckend zu. Die Manager halten Ausschau nach neuen Orientierungsmaßstäben. Einige ahnen bereits, dass ihnen ein Schöpfer- und Erlösergott dabei behilflich sein könnte, würden aber kaum wagen, das zu sagen.

Kürzlich sagte ein Sozialpsychologe, unsere autonome Intelligenz schaffe laufend Strukturen und Systeme einer solch hohen Komplexität, die zunehmend mehr und mehr unsere Lernfähigkeit und unser Steuerungsvermögen überfordern. Der Mensch sei zu dumm für seine eigene Intelligenz. Mit andern Worten: wir produzieren laufend mehr Komplexität, als wir lernend bewältigen oder einsetzen können. Die hohe Komplexität, die ein Charakteristikum unserer Gesellschaft ist, führt zu wachsender Unsicherheit. Die zunehmende Unsicherheit führt zu zunehmender Ratlosigkeit. Die zunehmende Ratlosigkeit führt zu zunehmender Ohnmacht. Zunehmender Fluchtmechanismus ist verbunden mit Realitätsverlust, der wiederum zu Inkompetenz führt, die komplexen Aufgaben zu erfüllen. Somit bewegen wir uns in einem Teufelskreis, den wir immer mehr ankurbeln.

Wie kommen wir aus diesem Teufelskreis heraus?

Es gibt einen Weg, um aus diesem Teufelskreis auszubrechen: er beginnt bei unserer Ohnmacht. Auch Christen fühlen sich in der heutigen Welt ohnmächtig. Aber Ohnmacht muss nicht Angst auslösen, sie kann auch in Geborgenheit übergehen. Christen wissen sich von Christus gehalten, der gesagt hat: »*In der Welt habt ihr Angst; aber seid getrost, ich habe die Welt überwunden.*«

Diese geschenkte Geborgenheit macht fähig zu einem Stehvermögen, das der Realität standhält und den Christen qualifiziert, auch komplexe Aufgaben zu bewältigen.

Sehnsucht nach biblischen Maßstäben

Der Nobelpreisträger Werner Heisenberg hat einmal ein Bild gebraucht, das mir in diesem Zusammenhang einfällt. Der Atomwissenschaftler verglich unsere moderne Wissenschaft mit einem Schiff, das wir gebaut haben. Man habe dieses Schiff mit soviel Eisen umgeben, dass der Kompass nur noch um sich selbst kreise und dadurch untauglich geworden sei. Deshalb treibe das Schiff ziellos und gefährdet dahin — ohne Anhaltspunkte. Heisenberg appellierte an die führenden Wissenschaftler, sie sollten nach Orientierungspunkten außerhalb des Schiffes namens »Wissenschaft« Ausschau halten. Dafür würde sich die Bibel anbieten.

Ich bin wiederholt Bordgeistlicher u.a. auf dem Traumschiff Maxim Gorki gewesen. Eine Kreuzfahrt führte nach Spitzbergen, wo die Maxim Gorki ein Jahr zuvor auf einen Eisberg gestoßen und fast untergegangen wäre. Übrigens war der Schuldige ein betrunkener Kapitän, der die Orientierung verloren hatte.

Als die Künstlercrew sich vor Abfahrt des Schiffes mit der Schiffsleitung traf, hatte ich als Bordgeistlicher den Eindruck, dass diesmal

meine Anwesenheit besonders gefragt war. Wenn es Ernst wird, hat der so genannte Himmelskomiker ein Wörtchen mitzureden.

Haben wir Christen in unserer säkularen Gesellschaft vielleicht eine ähnliche Funktion wahrzunehmen wie die Hofnarren am Königshof im Mittelalter? Sie waren die Einzigen, die dem König die Wahrheit sagen durften, weil man sie nicht ganz ernst nahm, aber zugleich insgeheim bewunderte.

Könnten Sie sich als Christ eine solche Hofnarren-Rolle in der Wirtschaftswelt vorstellen, wo Sie Wahrheiten auszusprechen wagen, die sonst verschwiegen werden?

Durchaus. Es hat mich immer wieder mal gereizt, gegen den Strom zu schwimmen.

Ich erinnere mich an einen meiner Kollegen, der in seinem Büro ein nahezu lebensgroßes Bild eines Hofnarren an der Wand hängen hatte. Er spielte diese Rolle bei seinem obersten Chef. Manchmal spiele ich diese Rolle heute bei bestimmten Beratungsaufträgen.

Wer als Christ verantwortungsvoll leben will, hat das Bedürfnis, für die Wahrheit einzustehen. Der Wahrheitsanspruch fordert den Widerspruch heraus. Auf die Dauer kann ein Mitarbeiterteam nur funktionieren, wenn die Mitarbeiter mit ihrem Chef ein vertrauensvolles Verhältnis haben und sich einander respektieren. Widerspruch wird von den meisten Chefs nur akzeptiert, wenn er sachlich berechtigt und höflich vorgetragen wird.

Ich hatte einmal einen autoritären Chef, dem ich jedes Jahr zweimal (schriftlich!) widersprechen musste, um ernst genommen zu werden. Wer sich von Gott gehalten weiß, hat auch Mut zum riskanten Widerspruch.

»Nur wer weit blickt, findet sich zurecht«

Ein Christ, der sich von Gott gehalten weiß, sollte auch den Mut haben, einen Blick in die ungewisse Zukunft zu werfen. Wohin geht die Fahrt in unserem 21. Jahrhundert?

Hinter der Frage »Was wird morgen zählen?«, müssen wir viele Fragezeichen machen; denn zu keiner Zeit waren die Antworten bunter, wie sie die ungeheure Vielzahl und Vielfalt aller Veränderungsprozesse zeigen. Bereits in den zwanziger Jahren hatte damals der engste Mitarbeiter Stalins das 20. Jahrhundert richtig charakterisiert. Trotzki schrieb damals: »*Who ever wants a quiet life has chosen the wrong time to be born.*« Wer sich ein geruhsames Leben wünscht, hat für seine Geburt die falsche Zeit gewählt. Was würde Trotzki erst heute sagen?

Die Fahrt geht vielleicht in eine sehr unsichere Zukunft. Aber Christen glauben an Christus, der für diese Fahrt eine Landkarte in Händen hält; er kennt Weg und Ziel und lässt diejenigen nicht aus den Augen, die mit ihm unterwegs sind.

Dennoch sollten wir hellwach sein bei all dem, was derzeit in dieser Welt vor sich geht und noch weiter vorgehen wird. Selbstzufriedenheit ist hier nicht mehr angesagt.

Gerade in der Politik brauchen wir christliche Vorbilder, die mit Christus unterwegs sind und seine Landkarte in Händen halten, wie Sie es formulieren. Unvergessen bleibt der bereits 1961 verstorbene UNO-Generalsekretär Dag Hammarskjöld, der wenige Wochen vor seiner letzten Mission im Kongo ein Gebet in sein Tagebuch schrieb:

»Erbarme dich unser. Erbarme dich unseres Strebens, dass wir vor dir in Liebe und Glauben, Gerechtigkeit und Demut dir folgen mögen, in Selbstzucht und Treue und Mut und in Stille dir begegnen. Gib uns reinen Geist, damit wir dich sehen, demütigen Geist, damit wir dich hören, liebenden Geist, damit wir dir dienen, gläubigen Geist, damit wir dich lieben.«

Angesichts einer ungewissen Zukunft sowie der galoppierenden Änderungsprozesse, die derzeit unsere Welt wesenhaft anders machen, möchte ich an ein anderes Wort von Dag Hammarskjöld erinnern, das er ebenfalls seinem Tagebuch anvertraut hat:

»Sorge nicht, wohin dich der einzelne Schritt führt. Nur wer weit blickt, findet sich zurecht.«

Der Vergleich mit einem Seiltänzer drängt sich auf. Er schaut nie auf das Seil vor sich, sondern immer in die Entfernung, um ein Gleichgewicht halten zu können.

Christen sollten unbeirrt auf den Zielpunkt der Reise schauen, weil dort jemand auf sie wartet: Jesus Christus, der wiederkommende Herr.

Kann man aus einer Kultur aussteigen?

Der Atomphysiker und Friedensforscher Carl Friedrich von Weizsäcker sagte mir in einem mitternächtlichen Gespräch: »Der Glaube an die Wiederkunft Christi ist für mich der stärkste Motivationsanreiz, mich unermüdlich einzusetzen für Frieden, Gerechtigkeit und Bewahrung der Schöpfung.«

Solche Stimmen werden im Zeitalter der Globalisierung und des interkulturellen Dialogs immer seltener. In unserem christlichen Abendland scheuen sich viele Politiker und Wissenschaftler, sich zur Christusbotschaft zu bekennen. Wie beurteilen Sie dieses kulturelle Dilemma?

Tatsächlich wird unsere schwächste Stelle in den anstehenden Zukunftsfragen die geistige Auseinandersetzung mit andern Religionen und Kulturen sein. Durch die breite Abwendung von der geistigen Kraft des biblischen Glaubens hat insbesondere Europa bereits viel von seiner Kulturidentität verloren. Immer wieder machen kluge Leute darauf aufmerksam.

Vor einiger Zeit hat »Die Welt« ein Interview mit dem Präsidenten des »Freien Deutschen Autorenverbandes«, Professor Ross, veröffentlicht. Er stellt fest: *»Die Orientierungslosigkeit ist ein Tatbestand, dem man nur durch ein Mittel entgegentreten kann: Orientierung.«* Der Journalist fragte zurück: *»Aber woran kann man sich denn orientieren, wenn die alten Wegweiser nicht mehr gelten?«* Darauf sagte Ross: *»Eines der Modelle wäre das Christentum. Christliche Ethik hat in der Vergangenheit ungeheuer viel produziert, einschließlich des Sozialismus, der auf diesem Boden gewachsen ist. Dass der Glaube heute totgeschwiegen wird, sehe ich als skandalös an. Man geniert sich, sich zum Christentum oder auch nur zu christlichen Traditionen zu bekennen.«*

Auf die Frage des Journalisten, ob er für eine Belebung traditioneller Werte oder für die Schaffung neuer Werte plädiere, antwortete Ross: *»Es kann nicht daran gedacht werden, Orientierung zu schaffen, wenn man die Grundlage, auf der sie herbeizuführen wäre, vergisst. Das Heilige muss in einem unumstrittenen Schonraum leben, nicht weil es so alt und ehrwürdig ist, sondern weil es einen so hohen Wert verkörpert. Unsere Probleme sind wie in der Spätantike Werteprobleme. Ohne den Mut, bestimmte Dinge wegzuwerfen und andere behalten zu können, geht das nicht. Wenn von Weihnachten nur noch die Weihnachtsgans übrig bleibt, wurde das Falsche weggeworfen. Konservativ sein heißt heute, den Mut zur Vernunft und die Lust am Widerspruch zu haben.«* Zum Schluss sagte Ross dann noch etwas sehr Bemerkenswertes: *»Man kann aus einer Kirche austreten, aber nicht aus einer Kultur.«*

Kulturkrisen sind künftig sicher nicht zu vermeiden. Der Bedeutungsverlust der Nationalstaaten führt dazu, dass sich mehr und mehr Menschen nicht mehr national identifizieren, sondern kulturell und regional. Dadurch entstehen leider auch zunehmend Feindbilder. Zivilisationen haben sich eigentlich immer nur durch Religionen definiert.

Die Zeichen der Zeit übersehen

Das Herzstück des alttestamentlichen Glaubens waren die Propheten, die Gott berufen hatte, um die Zeichen der Zeit zu deuten. Der Schrei nach solchen Propheten wird immer vernehmlicher. Und weil sie nicht da sind, wenden sich auch Politiker an Wahrsager und Hexen, um besser gerüstet zu sein, wie ihnen vorgegaukelt wird.

Wie bewältigt der säkulare Zeitgenosse dieses prophetische Defizit?

Darauf kann ich Ihnen eine passende Antwort aus dem 16. Kapitel des Matthäus-Evangeliums geben. Die Pharisäer wollten Jesus dazu bringen, er möge sie ein Zeichen vom Himmel sehen lassen: »Jesus aber antwortete und sprach zu ihnen: Wenn es Abend geworden ist, sagt ihr: Es wird schön, denn der Himmel ist rot. Und am Morgen: Heute kommt ein Ungewitter, denn der Himmel ist rot und trübe. Das Aussehen des Himmels versteht ihr zu unterscheiden, aber bei den Zeichen der Zeiten könnt ihr's nicht.«

Heute würde Jesus die Politiker und Historiker fragen: Warum versteht ihr nicht, was die Ereignisse der Zeit ankündigen? Habt ihr keine Frühwarnsysteme? Offensichtlich haben sie versagt; denn die entscheidenden geschichtlichen Ereignisse verstehen wir auf geheimnisvolle Weise nicht. Es hat wohl kaum eine Zeit in der Menschheitsgeschichte gegeben, in der die Zeichen der Zeit dichter und bedrängender platziert waren.

Das Versagen unserer Frühwarnsysteme

Wo haben unsere Frühwarnsysteme versagt, wenn wir beispielswiese an die letzten dreißig Jahre denken?

Beginnen wir mit der 68er-Revolution, der so genannten Studentenrevolte. Wir hätten wissen müssen, dass viele dieser radikalen Rebellen später in den Führungsetagen der Industrie landen und mit einer Flut neuer Wertvorstellungen unsere Unternehmenskulturen umkrempeln würden.

Nach dem Motto »Macht kaputt, was euch kaputt macht« wollten die marxistisch orientierten Revolutionäre eine neue Welt ohne Gott schaffen und schwärmten von paradiesischen Zuständen – wie seinerzeit Karl Marx von der klassenlosen Gesellschaft.

1968 war aber nur der Anfang eines Prozesses globaler Änderungen. Das nächste Datum war 1971: der erste Bericht des Clubs von Rom. Dann kam 1973: die erste Ölkrise. Die Scheichs hatten den alarmierenden Bericht über die zunehmende Knappheit unserer Ressourcen offensichtlich besonders intensiv gelesen und in ein neues Angebot/Nachfragespiel auf dem Ölmarkt übersetzt. Dann kam 1989: der Kollaps des Kommunismus.

Viermal haben unsere Frühwarnsysteme versagt:

- 1968 wurde die Autorität der Führenden hinterfragt
- 1971 wurde die Kompetenz der Wirtschaft hinterfragt
- 1973 wurde die Basis unseres Wohlstands hinterfragt
- 1989 wurde die Qualität politischer Führung hinterfragt.

Und in allen Fällen wurden wirkliche Antworten auf die Fragen der Herausforderer nicht gegeben. Wirtschaftsführer waren zu sehr mit dem Geldverdienen beschäftigt, Politiker waren mit der eigenen Machterhaltung beschäftigt und die Kirche konnte keine Antworten geben, weil sie den Ernst der Fragen nicht wahrnahm. Denn nur dann, wenn man weiß, worum es geht, kann man entscheiden, ob man dabei sein will.

»Ich bin meine eigene Freiheit«

»Ich bin meine Freiheit«, propagierte einer ihrer Chefideologen, der französische Philosoph Jean Paul Sartre, der später in seiner Lebensbiographie »Die Wörter« schrieb: »Ich habe den heiligen Geist im Keller geschnappt und ausgetrieben. Nun gleiche ich einem Menschen, der mit seinem Leben nichts mehr anzufangen weiß.«

Einer der geistigen Väter der Studentenrevolte war der Sozialphilosoph Max Horkheimer, der am Ende seines Lebens seine atheistische Ideologie verwarf und sich der biblischen Tradition seiner jüdischen Väter zuwandte.

Kurz vor seinem Tod fragte ich den weltbekannten Wissenschaftler, der durch sein Buch »Dialektik der Aufklärung« bekannt geworden ist, was ihn veranlasst habe, sich den biblischen Geboten wieder verpflichtet zu fühlen. Die eindeutige Antwort Horkheimers, von dem sich die rebellierenden Studenten verraten fühlten, lautete: »Rein wissenschaftlich gesehen gibt es kein Argument, warum man nicht einen Menschen töten soll, wenn man sich dadurch nicht einen persönlichen Vorteil erhoffen kann.«

Ich erinnere mich an eine gleich lautende Aussage des Philosophen und Physikers Carl Friedrich von Weizsäcker. Er erzählte mir, wie er zusammen mit dem Philosophen Martin Heidegger einer Diskussion mit den führenden Ideologen der Studentenrevolte wie z. B. Rudi Dutschke und K. D. Wolff beiwohnte. Nach einer heißen Debatte über den neuen Menschen ohne Gott erwarteten die Studentenführer von den angesehenen Gelehrten eine Zustimmung ihrer revolutionären Thesen.

Die Antwort von Martin Heidegger lautete: »Alles bloße menschliche Sinnen und Trachten führt zu nichts. Nur noch ein Gott kann uns helfen.«

Warum der Kommunismus scheitern musste

Sie liefern mir das Stichwort für das nächste Zeichen der Zeit, von dem die westliche Welt total überrollt worden ist. In ihren kühnsten Träumen haben weder Politiker noch Historiker damit gerechnet, dass der Kommunismus einmal in sich zusammenbrechen würde.

Nach dem Kollaps der Sowjetunion fragten sich viele Deutsche: Wo war denn unser westlicher Intelligenz-Service? Wir wussten doch, in welch miserablem Zustand das Land und wie brüchig die politische Struktur war. Hatten wir allen Ernstes angenommen, dass sich hier Stabilität von selbst einstellen würde?

Ein wichtiger Auftrag der Christen in Osteuropa bestünde z. B. darin, den Menschen dort klarzumachen, warum der Kommunismus nicht funktionieren konnte. Das Menschenbild war falsch, weil das Gottesbild falsch war. Deshalb war auch das Wirtschafts- und Gesellschaftsbild falsch. In einem Mensch-Mensch-Bezugssystem, in dem Gott nicht mehr vorkommt, wie es der Kommunismus hatte, ist der Mensch ein Produkt der Gesellschaft, die ihn geformt hat. Er hat gesellschaftliche Normen und ist nur der Gesellschaft gegenüber verantwortlich. Der kommunistische Mensch macht sich schuldig, wenn er sich der Gesellschaftsnorm nicht anpasst. Sein Verhalten kann er ändern durch Informationen, Belehrungen und Bestrafungen, also durch das Prinzip der Reparatur.

Das christliche Menschenverständnis geht von einem Schöpfer-Geschöpf-Bezugssystem aus. Der Mensch ist hier nicht Produkt der Gesellschaft, sondern ein Geschöpf Gottes, der ihn gemacht hat. Der an Gott orientierte Mensch ist nicht einer gesellschaftlichen Norm verpflichtet, sondern der biblischen Schöpferordnung und deren Geboten; er ist nicht in erster Linie der Gesellschaft, sondern seinem Schöpfer und Erlöser verantwortlich. Menschliches Fehlverhalten gegenüber dem Nächsten und Gott nennt die Bibel Sünde. Eine Verhaltensänderung geschieht durch Einsicht und Schulderkenntnis: Umkehr zu Gott, wesenhafte Sinnesänderung. Nicht Reparatur, sondern Neuwerdung durch Vergebung und Lebensübergabe an Gott.

Dieser Kontrast im Menschenbild muss angesprochen werden, wenn wir Lehren für uns selbst ziehen wollen aus dem Zerbruch des größten humanistischen Experiments der Weltgeschichte.

Allmachtsfantasien im Kommunismus

Kurz vor dem Zusammenbruch der Sowjetunion besuchte ich die Allunionsausstellung in Moskau. Ein Weltraumphysiker pries die Ruhmestaten der sowjetischen Kosmonauten. Dabei zitierte er German Titow, der nach seiner ersten Erdumkreisung mit einer Sputnikrakete aus Parteidisziplin sagen musste: »Ich bin im Weltall gewesen und habe keinen Gott gesehen. Deshalb glaube ich an den Menschen, an seine Möglichkeiten und an seinen Verstand.«

Als wir vor dem Modell eines Mondautos standen, das die Russen auf den Mond geschossen haben und von der Erde aus fernsteuern können, schwelgte der Weltraumphysiker in Allmachtsfantasien. Nun sei ein neues Zeitalter angebrochen, und der allmächtige Mensch würde den ohnmächtigen Gott der Christen endgültig ablösen.

Im Beisein einer großen Besuchergruppe unterbrach ich den deutsch sprechenden Wissenschaftler und sagte: »Im Unterschied zu Ihren Kosmonauten, die bisher noch nicht den Mond betreten haben, sind die amerikanischen Astronauten bereits mehrmals auf dem Mond gewesen, u. a. auch James Irwin, der auch mit einem solchen Mondauto dort oben gefahren ist. Wissen Sie, was er mir berichtet hat: Wenn Ihre Kosmonauten mit den amerikanischen Astronau-

ten ihre Erfahrungen im Weltall austauschen, sind die Kosmonauten ebenso überwältigt von der Allmacht eines Schöpfergottes wie die Amerikaner. Nur dürfen sie darüber in der Sowjetunion nichts sagen, weil Gott bei Ihnen offiziell kleingeschrieben oder totgeschwiegen werden muss.«

Damals verfolgten mich fast an jeder Straßenkreuzung Spruchbänder mit der Aufschrift »Der Marxismus-Leninismus ist allmächtig, weil er wahr ist«. Das Ohnmachtsgefühl des kommunistischen Menschen ohne Gott konnte nur durch Allmachtsfantasien kompensiert werden.

Auf der Jahrestagung des World-Economic-Forums in Davos am 4. Dezember 1992 gab es eine bemerkenswerte Rede von Václav Havel, dem Präsidenten der damaligen Tschechoslowakei. Er hatte seine Rede mit dem Thema »Das Ende der Moderne« überschrieben und sagte:

»Das Ende des Kommunismus ist in allererster Linie eine Botschaft an die menschliche Rasse. Eine Botschaft, die wir immer noch nicht ganz verstanden und eingeordnet haben. In seiner tiefsten Bedeutung hat das Ende des Kommunismus eine bedeutende Phase der menschlichen Geschichte beendet. Es hat nicht nur das 19. und 20. Jahrhundert zu Ende gebracht, sondern die Moderne als solche, die von dem Glauben beseelt war, dass die Welt als Ganzes ein System sei, das der Mensch zu seinem eigenen Vorteil verstehen und steuern könne.

Die tödliche Krise der Moderne

Diese Ära, die ursprünglich mit der Renaissance begann und sich dann über die Aufklärung weiterentwickelt hat bis hin zum Sozialismus, von der Industriellen Revolution bis hin zur Informationsrevolution, war charakterisiert durch schnelle Fortschritte im rationalen kognitiven Denken. Das wiederum führte zu der stolzen Gewissheit, dass der Mensch als die absolute Spitze alles Existierenden dazu in der Lage sei, alles Existierende objektiv zu beschreiben, zu erklären und zu kontrollieren.

Der Kommunismus war das perverse Extrem dieses Trends. Er war der Versuch, das gesamte Leben nach einem simplen Modell zu organisieren und es einer zentralen Planung und Kontrolle zu unterwerfen, völlig unabhängig davon, ob es dem wirklichen Leben auch entsprach.

Darum zeigt der Zusammenbruch des Kommunismus, dass dieses Denken der Moderne in eine tödliche Krise geraten ist. Unsere Epoche hat die erste globale technische Zivilisation geschaffen, aber auch gleichzeitig das Ende ihrer Möglichkeiten aufgezeigt. Deshalb ist das Ende des Kommunismus ein ernstes Warnsignal an die gesamte Menschheit.

Das Gewissen der Menschen hat den Kommunismus besiegt

Der Kommunismus wurde nicht durch militärische Macht besiegt, sondern durch das Leben als solches. Durch den menschlichen Geist. Durch das Gewissen der Menschen. Durch den Widerstand der Menschen gegen die Manipulation des Menschlichen.

Was wir jetzt brauchen, sind nicht neue wissenschaftliche Methoden, neue Ideologien, neue Kontrollsysteme und neue Institutionen. Wir brauchen etwas Größeres, die innere Einstellung des Menschen zu seiner Welt muss sich ändern.

Wir müssen endlich Schluss machen mit der arroganten Annahme, dass die Welt nichts anderes sei als ein gigantisches

Puzzle, das man nur richtig zusammensetzen muss oder eine große Maschine, deren Bedienungsanleitung wir nur noch nicht gefunden haben oder eine Riesenmenge von Informationen, die wir nur einem Computer einzugeben haben und der uns irgendwann einmal eine Universalantwort ausrechnet. Es reicht einfach nicht mehr, dass wir immer neue Wege suchen, um die Gesellschaft zu managen und die Wirtschaft in Gang zu halten. Was wir grundsätzlich ändern müssen, sind unser Wesen und unser Verhalten.«

Soweit Václav Havel.

Der gewaltlose Widerstand der Christen in der DDR

Die eindrucksvolle Rede von Václav Havel offenbart den perversen Totalitätsanspruch des kommunistischen Systems, das den Menschen vollkommen kontrollieren und vereinnahmen wollte. Bedenkenswert fand ich auch den Satz, der Kommunismus wurde nicht durch militärische Macht, sondern durch das Gewissen des Menschen, durch seinen Widerstand gegen die Manipulation besiegt.

Heute wissen wir, dass die entscheidenden Impulse der gewaltlosen Revolution sowohl in der damaligen UdSSR als auch in allen Ostblockstaaten aus dem christlichen Untergrund kamen. Beispielhaft war auch die Entwicklung in der damaligen DDR, dem wohl militantesten kommunistischen Regime.

Der Aufstand des ostdeutschen Volkes hat durch die Friedensgebete in der Leipziger Nikolaikirche öffentlich seinen Auftrieb bekommen. Bei einem Besuch in Leipzig bin ich auch mit dem damaligen Friedenspfarrer Christian Führer zusammengetroffen. Mit bewegten Worten schilderte er mir die ersten Zusammenkünfte, die ähnlich organisiert waren wie die Gottesdienste mit Martin Luther

King. Bevor die Gottesdienstbesucher auf die Straßen gingen, haben sie erst monatelang Kraft geschöpft aus Gottes Wort und den gemeinsamen Gebeten und Chorälen. Wie heißt es doch beim Propheten Sacharja (4, 6): »Es soll nicht durch Heer oder Kraft, sondern durch meinen Geist geschehen, spricht der Herr Zebaoth.« Bis heute haben Politiker und Militärs kein plausibles Argument dafür, warum damals die kampfbereiten Soldaten nicht eingeschritten sind und ein Blutbad verhindert werden konnte.

Ich möchte gern Pfarrer Christian Führer noch einmal zu Wort kommen lassen:

»Der Ruf Zehntausender Menschen füllte die Leipziger Innenstadt an dem historischen 9. Oktober 1989 aus. Die Losungen ›Wir sind das Volk‹ und ›Keine Gewalt‹ begleiteten die friedliche Demonstration. Seit 1982 gab es in unserer Nikolaikirche jeden Montag Friedensgebete unter dem großen Leitthema ›Frieden und Gerechtigkeit‹. Die Gottesdienstbesucher verloren allmählich ihre Angst. An diesem historischen 9. Oktober hatten sich Tausende Menschen in dem Gotteshaus versammelt, um miteinander zu singen, zu beten und auf Gottes Wort zu hören.

Als sich nach dem Gebet die Türen öffneten, bot sich ein überwältigender Anblick: Tausende von Menschen warteten mit Kerzen in der Hand, wollten friedlich gegen ihr bisheriges Leben in der DDR aufbegehren. Volkskammerpräsident Horst Sindermann (SED) hat später darüber gesagt: ›Wir waren auf alles vorbereitet, nur nicht auf Kerzen und Gebete.‹ 70.000 Menschen hatten sich eingefunden, die von schwer bewaffneten Polizisten umzingelt waren. Schließlich kam — keiner weiß bis heute genau von wem — der Befehl zum Rückzug der Einsatztruppen.

Die Friedensgebete gehen weiter. Wann wäre das nötiger als jetzt?«

In diesen Tagen sagte der ehemalige deutsche Außenminister Dietrich Genscher im Rahmen der Feierlichkeiten zum zehnjährigen Gedenken der Wiedervereinigung: »Stellvertretend für alle andern Außenminister Europas vertraute mir der französische

Außenminister an, was man uns offiziell wohl niemals sagen würde: ›Das haben wir den Deutschen nicht zugetraut.‹ Gemeint war die friedliche Wiedervereinigung.«

Wenn Sie als Politiker 1988 den Fall der Berliner Mauer für 1989 prophezeit hätten, wären Sie für verrückt erklärt worden. Bis auf wenige Ausnahmen hatten sich die Deutschen mit den beiden Staaten abgefunden. Deshalb waren unsere Politiker konfus und überfordert, die politische und wirtschaftliche Situation in den Griff zu bekommen. Heute haben wir eigentlich erst begriffen, dass wir bis 1989 in der Bundesrepublik Deutschland wie in einem Naturschutzpark lebten.

Der Kollaps des Kommunismus wird uns noch viele Jahre schlaflose Nächte bereiten. Wir hätten vor der Wiedervereinigung ziemlich genau ausrechnen können, wie die Kosten für ein vereinigtes Deutschland sein würden. Warum hat niemand vorher eine »Roh-Bilanz« erstellt? Keiner hat mit diesem Wunder gerechnet.

Aber die Kehrseite der Medaille ist auch nicht zu übersehen. Die wirtschaftlichen Probleme, die uns heute zu schaffen machen, hatte die Mauer bis 1989 von uns fern gehalten: billige Warenprodukte, billige Arbeitskräfte und organisierte Kriminalität. Auf dieses Konfliktpotenzial waren wir überhaupt nicht vorbereitet. Denken Sie an die vielen Führungskräfte aus dem Westen, die sich als Schönwetterkapitäne herausstellten, bis sie die raue See einfach nicht mehr aushalten konnten und aufgaben. Der Abriss der Mauer hat der Arbeit von Management und Führung eine neue Dimension von Wirklichkeit gegeben.

Konfliktherde im globalen Zeitalter

Globale Spielkasinomentalität

Welcher Politiker denkt heute noch in langfristigen Perspektiven? Die Gefahr des politischen Handelns aus dem Augenblick heraus scheint viel bequemer und unproblematischer zu sein — nach dem Motto: »Nach mir die Sintflut«. Die Machtfülle führender Politiker und Wirtschaftsbosse sowohl in den reichen als auch in den armen Ländern verführt zu Arroganz und selbstgefälliger Überheblichkeit.

Wodurch wird dieser Sog zur Unberechenbarkeit und Unmenschlichkeit im politischen wie wirtschaftlichen Geschäft nach Ihrer Meinung noch verstärkt?

Durch einen zunächst unkritisch angestoßenen und dann unüberlegt weitergeführten und mittlerweile unkontrollierten »Fortschritt« haben wir in vielen Fällen eine groteske Komplexität vieler Systeme zugelassen, die eine neue, bisher unbekannte Art von beispielloser Machtausübung ermöglichen – und zwar für diejenigen, die dieses System zu ihrem eigenen Vorteil zu beherrschen gelernt haben. Es hat sich fast überall eine Art von globaler Spielkasinomentalität entwickelt. Dies gilt sowohl für reiche wie arme Länder.

Alle bisher bekannten Spielregeln von Opportunismus und Egoismus werden locker in den Schatten gestellt. Nie zuvor wurde in unserer Welt eleganter, brutaler und internationaler ausgebeutet als heute. Nie zuvor haben sich solche Kontraste zwischen ultrareich und ultraarm gebildet. Nie zuvor hatten wir die technischen Möglichkeiten, so viele Menschen weltweit durch Information an diesen Prozessen teilhaben zu lassen. Dies ist außerordentlich fatal. Das Satellitenfernsehen ist mittlerweile zum größten Beschleuniger der globalen Umbruchprozesse geworden.

Dank der immensen Informationsmöglichkeiten können Millionen von Menschen in aller Welt an diesen Entwicklungsprozessen teilhaben. Darüber sollten wir doch froh sein und uns dieser Verantwortung stellen und die Entscheidungen nicht einer Machtelite überlassen. Was hindert uns daran?

Obwohl wir immer wieder von einer Informationsüberflutung sprechen, die eigentlich nur eine Datenüberflutung ist, ist die Zahl der Menschen, die wirklich über die wichtigen Dinge dieser Welt informiert sind, nur sehr, sehr klein. Nach einer Schätzung des World Economic Forums existiert derzeit weltweit eine »Informationselite« von ca. 100.000 Menschen. Mehr nicht. Der Rest ist deutlich unterinformiert, tut aber oft so, als wüsste er alles, weil er sich auf die falschen Informationsquellen stützt wie beispielsweise Fernsehen und Zeitungen. Wenn wir weiter davon ausgehen, dass von den 100.000 gut Informierten etwa 20.000 in den Vereinigten Staaten leben, dann würden auf Deutschland etwa 6000 bis 7000 entfallen. Wir können nur hoffen, dass davon möglichst viele zu den wichtigen Entscheidungsträgern zählen. Sonst werden wir Probleme haben.

Eskalation des Fortschritts, Überschreiten von Grenzen

Um welche Änderungsprozesse handelt es sich, die wir nicht mehr in den Griff bekommen?

Die meisten Änderungen sind eine Folge von Eskalationsprozessen. Es begann alles harmlos mit der Eskalation der Menge von Daten und Wissen sowie deren Anwendung mit Spieltrieb und Entdeckerfreude. Dabei wurden laufend Grenzen überschritten, was bei den meisten Menschen auf Desinteresse stieß. Die Eskalation dieses »Fortschritts«, wie wir ihn nannten, ging weiter: technisch, wirtschaftlich, kulturell und politisch. Dabei wurde immer wieder ein laufendes Überschreiten von Grenzen in Kauf genommen, und die ersten Enttabuisierungen passierten. Dann folgte eine Eskalation von Änderungsprozessen, und die Beherrschbarkeit der Prozesse begann allmählich abzunehmen. Daraufhin setzte in der Gesellschaft Unsicherheit und Irritation ein, aber immer noch war da dieses gefährliche Desinteresse. Eine Vielzahl von Folgen entwickelte sich daraus. Bei uns in der Wirtschaft setzten beabsichtigte und zusätzliche Änderungsprozesse ein mit dem Ziel, neue Chancen zu entwickeln und Risiken zu vermeiden. Es gab auch beeinflusste und mitgesteuerte Änderungsprozesse, mit dem Ziel verminderter wirklicher Risiken und neuer Chancen.

In der Politik waren es weithin beeinflussbare, aber tatsächlich eben unbeeinflusste Änderungsprozesse, die weit höhere Risiken und Unsicherheit zur Folge hatten, Angst erzeugen und eventuell in Katastrophen umkippen können.

Eigendynamik stochastischer Prozesse

Die Allmachtsfantasien der Macher, die um jeden Preis Grenzen überschreiten, und zwar oft ohne Rücksicht auf Verluste, um eine neue Welt nach ihren Vorstellungen zu schaffen, drohen in Ohnmachtsgefühle umzukippen: »Die Geister, die ich rief, die werd ich nicht mehr los.«

Daneben gibt es in wachsender Zahl schicksalhafte Entwicklungen, auf die wir so gut wie keinen Einfluss mehr haben. Welcher Art sind diese Prozesse?

Was uns in dieser konfusen und auch turbulenten Welt zusehends mehr zusetzt, ist eine anscheinend stetig wachsende Zahl so genannter »stochastischer Prozesse«. Im vereinfachten Sinn ist ein stochastischer Prozess eine wissenschaftliche Übersetzung von »Schicksal«. Per definitionem handelt es sich hier um gerichtete Prozesse, die von uns nicht beeinflussbar oder steuerbar sind. Wenn wir irgendwann einmal in einen Prozess mit von uns nicht beeinflussbarer Eigendynamik verwickelt werden, dann kriecht in der Regel Ohnmacht oder Angst in uns hoch. Dies geschieht, wenn wir z. B. mit unserem Auto auf Glatteis geraten.

Typische Beispiele für mögliche stochastische Prozesse größeren Ausmaßes sind:

- die zunehmend großen Völkerwanderungen in Form von Flüchtlingsströmen, denen wir einfach ausgeliefert sind: Ost → West, Süd → Nord.
- globale Prozesse der Umweltzerstörung
- eine weltweite Kulturrevolution mit einer Änderung der wichtigsten Grundwerte.

Hier ist die Richtung erkennbar, die Beeinflussbarkeit aber nahezu Null. Das alles erscheint uns als nicht steuerbar. Wir werden vielleicht die Dynamik dieser Prozesse abbremsen können, aber nicht deren Richtung und nicht deren Wirkung. Damit müssen wir uns zunächst einmal innerlich abfinden.

Fünf Risiken der Globalisierung

Lassen Sie mich die Besorgnis erregende Gefahrenliste der Globalisierung noch erweitern. Ulrich Weißer, ehemaliger Chef des Planungsstabes im Bundesverteidigungsministerium, sieht fünf große Risiken der Globalisierung (Welt am Sonntag 29/2000):

Erstens die Verwundbarkeit der globalen Kommunikationsstrukturen. Dazu gehören die verheerenden Konsequenzen von Computerviren. Zweitens der zweifelhafte Umgang mit potenziell hochgefährlichen Technologien. Gemeint sind nicht nur Technologien, die bei atomaren, bakteriologischen und chemischen Waffen Verwendung finden, sondern auch ausartende Entwicklungen in der Computertechnologie und der Genforschung. Dritter Risikofaktor ist die Schwächung oder das Versagen von Staaten, wenn es darum geht, die innerstaatliche Politik und die Ordnungsstrukturen funktionstüchtig zu erhalten. Viertes Risiko ist der Mangel an demokratischer Kontrolle für wichtige Politik- und Wirtschaftsabläufe. Das fünfte Risiko der Globalisierung liegt in der ungewissen Zukunft der großen Staaten im Übergang, wozu in erster Linie China, Indien, Russland und auch Indonesien zählen.

Globalisierung: Menschheitstraum und Menschheitstrauma

Die ärmsten Länder der Welt drohen nach Befürchtungen der Vereinten Nationen (UN) zu den Verlierern der Globalisierung zu werden. Als Ursachen gelten unzureichende Bildung, schlechte Infrastruktur und Kapitalmangel. Die Zahl der am wenigsten entwickelten Länder ist seit 1971 von 25 auf inzwischen — im Jahre 2000 — 48 gestiegen, von denen 33 in Afrika liegen.

Der Schweizer Soziologe Jean Ziegler spricht vom »Raubtierkapitalismus«, der jeden Tag 100.000 Hungertote produziere. Nach seiner Meinung würde der Weltmarkt von einer Horde wild gewordener Börsenspekulanten beherrscht, die zwar individuell Millionenprofite machen, aber ganze Weltgegenden ins Unglück stürzen.

Auch der englische Wirtschaftswissenschaftler Ralf Dahrendorf spricht von Gewinnern und Verlierern der Globalisierung und der Entwicklung der Wissensgesellschaft. Die Zu-kurz-Gekommenen des Prozesses der Globalisierung sehen in der Freiheit oft nur das Interesse der Sieger. Wer sich in der weiten Welt nicht zurechtfindet, sucht den Weg zurück — in den religiösen und nationalen Fundamentalismus. Diese »Antiglobalisierung« sei weit gefährlicher als die Globalisierung, so wie es vor einem Jahrhundert der Antikapitalismus war, aus dem sich die beiden mörderischen Totalitarismen des 20. Jahrhunderts gespeist haben.

Nach Papst Johannes Paul II. sollten die Christen der Globalisierung des Profits und des Elends eine Globalisierung der Solidarität entgegenhalten.

Welche praktischen Vorschläge aus christlicher Sicht würden Sie machen, um diese globale Problematik zu lösen?

Ein Prozess, den wir »Globalisierung« nennen, läuft bereits seit geraumer Zeit. Er ist Folge und Umsetzung einer Fülle von geistigen, politischen, wirtschaftlichen und technischen Änderungen und Experimenten.

Globalisierung entspricht eigentlich einer uralten Sehnsucht des Menschen, einer Sehnsucht nach Einheit. Beispiele dafür sind die Ökumene und die Vereinten Nationen. Eine globale Einheit haben wir allerdings nie richtig hinbekommen, werden wir wohl auch nicht. Für zu viele Menschen ist Globalisierung aber auch ein Schreckgespenst: Verlust der nationalen Identität, Gleichmacherei, Ausbeutung der Schwächeren durch die Stärkeren.

Es gibt Globalisierung, mit der wir uns längst abgefunden haben: Internationale Fast-Food-Ketten (Mc Donalds), weltbekannte Rockbands, Internet, E-Mail, englische Sprache, Flughafenkultur, internationale Zeitungen (z. B. Wall Street Journal).

Der heutige intensiv betriebene Prozess der Globalisierung wurde aber in Gang gesetzt und entscheidend intensiviert durch zwei historische Ereignisse:

Politisch wurde er in Gang gesetzt durch den Kollaps des Kommunismus Ende der achtziger Jahre: Durch das Verschwinden der sogenannten 2. Welt wurde die Welt leichter beherrschbar und zwar durch die 1. Welt, d. h. durch die westlich geprägten Wohlstandsländer. Die sogenannte 3. Welt der armen Entwicklungsländer spielte in dieser neuen Welt jetzt praktisch keine Rolle mehr.

Technisch möglich gemacht wurde Globalisierung durch die explosionsartige Entwicklung der Informations- und Kommunikationstechnologie. Immer billiger und besser werdende Systeme des Austausches von Nachrichten und des Transports von Gütern und Dienstleistungen machten die Welt quasi über Nacht zu einem globalen Kaufhaus, zu einer globalen Bank und zu einem globalen Unternehmen.

Damit ist nahezu alles global mobil geworden: Wirtschaft, Geldströme (einschließlich Steuerzahlungen), Arbeit (als »Börsenprodukt«), Information, organisierte Kriminalität, Krankheiten (»Aids«), (Massen-) Tourismus, Müllexporte, Waffen, Nuklearbrennstoffe, Flüchtlingsströme u. a. Die meisten Menschen haben angesichts von soviel Mobilität Angst, und diese Angst muss man ernstnehmen.

Nachruf auf die Globalisierung schreiben

Scharfe Kritik dessen, was wir bisher als Globalisierung konzipiert, experimentiert und ausgeführt haben, kommt nicht nur von den Gegnern der Globalisierung, sondern auch aus dem Lager globaler Gewinner. Die »International Herald Tribune«, eine der globalen westlichen Wirtschaftszeitschriften, schreibt dazu am 4. Juli 2000:

> *»Die Zeit ist gekommen, die Todesanzeige der Globalisierung zu schreiben bzw. einen Nachruf auf jene ökonomische Doktrin, die der internationalen Gesellschaft Fortschritt und Entwicklungshilfe bringen wollte. Diese Globalisierung hat versagt. Die in der letzten Woche in Genf tagende Hauptversammlung der Vereinten Nationen kam zu dem Schluss, dass seit der frühsten Entwicklung der Globalisierung die Armut, die Ungleichheit und die Unsicherheit in der Welt deutlich zugenommen haben. Menschen in der industrialisierten Welt sind heute 74-mal reicher als in der armen Welt. Diese Verarmung fand statt in einer Zeit, als die Globalisierung diesen Ärmsten helfen wollte, wirtschaftlich besser dazustehen. Die Globalisierung hat nichts von dem geschafft, was sie zu leisten versprach.«*

In einem späteren Artikel schreibt dann die gleiche Zeitung:

»Es sind die harten Fakten, die uns nachdenklich stimmen. Die globalisierte Wirtschaft hat es bisher nicht fertig gebracht, was sie anfangs versprochen hatte: mehr Wohlstand für alle. Obwohl sich Investitionen in jeweils anderen Ländern in den letzten zehn Jahren versiebenfacht haben, ist das Geld nicht dort eingegangen, wo es bitter nötig gewesen wäre. 70 Prozent aller Investitionen fließen von einem reichen Land in ein anderes reiches Land. Weitere 20 Prozent fließen in jene acht Entwicklungsländer, in denen sich der jeweilige ›return on investment‹ leichter kontrollieren ließ: nicht in demokratisch geführte Länder, sondern in jene, wo Diktatoren Regie führen. Die restlichen kümmerlichen 10 Prozent wurden auf 100 (!) arme und ärmste Länder aufgeteilt.«

(Internat. Herald Tribune, 27. 1. 2001)

Die Folge dieser Art von globaler Investitionspolitik hat die Weltbank publiziert: ein Drittel der Weltbevölkerung, d. h. 2 Milliarden Menschen besitzen heute weniger als die 200 reichsten Leute der Welt. Das war vor zehn Jahren noch nicht so, als die Globalisierung zügig durchstartete. Der sich hier auftuende globale Kontrast wird mehr und mehr zu Konflikten führen, die mit gängigen Methoden sicher nicht mehr lösbar sind.

Verzichtbereitschaft bei den Besitzenden

Zu Ihrer Frage: Wie könnte man diese globale Problematik lösen? Hier muss es zunächst wohl zu einer gravierenden Änderung im Rollenverständnis von Führung kommen. Wenn die Topführungskräfte großer Unternehmen und großer Banken nicht bald und schnell und gründlich über ihre globale Führungsrolle nachdenken, dann wird es auch für diese Führungskräfte in Zukunft eng werden. Der »Krieg von Seattle« war nur der Anfang.

Topführungskräfte müssen lernen, dass sie nicht nur für die (finanziellen) Resultate ihrer Unternehmen verantwortlich sind, sondern auch für die gesellschaftlichen Konsequenzen dieser Resultate. Falls sie diese gesellschaftliche Verantwortung nicht übernehmen, dann werden das andere tun. Wenn es hier ein »moralisches Verantwortungsvakuum« gibt, dann wird dieses Vakuum besetzt werden durch Interessenverbände, Umweltschützer, Globalisierungsgegner und wohl auch Terroristen. Globale Führungsverantwortung hat die Notwendigkeit, mit Werten zu führen, ganz neu auf den Tisch gebracht. Globale Führung wird es lernen müssen, bei den Besitzenden Verzichtbereitschaft ins Spiel zu bringen. Weil die Politiker es nie fertig gebracht haben, unpopuläre Botschaften zu verkaufen, wird das in Zukunft wohl den Unternehmensführern als Mandat zufallen.

Mittlerweile liegt auch längst ein neuer Begriff auf dem Tisch: »Corporate Citizenship« – und damit eine neue den Unternehmern (von der Öffentlichkeit) zugeteilte Verantwortung.

Unternehmensführer, die ihre eigene Rolle und Aufgabe hauptsächlich nur in der zunehmenden Gütervermehrung sehen, werden sich hier sehr schwer tun. Aber jede Art von Globalisierung, von der alle etwas haben, beginnt genau hier. Und ich könnte mir gut vorstellen, dass Christen an dieser Stelle unbequeme Mahner sein könnten. Wir sollten das große Feld der kritischen Auseinandersetzung mit Vergangenheitsfehlern nicht denen überlassen, die dieses Unrecht bewaffnet auf der Straße austragen wollen. Denn die meisten von denen wissen oft nur, wogegen sie sind, aber nicht, wofür sie sind. Das reicht aber nicht, um eine bessere Welt zu bauen.

Die Bibel liefert deutliche Denk- und Handlungsmuster, die wir uns immer wieder neu aneignen müssen – auch dann, wenn wir den Prozess der Globalisierung beurteilen wollen.

Dort wird uns zunächst einmal gesagt, dass es Gottes Anliegen ist, dass wir Menschen hier auf der Erde klug leben und klug miteinander umgehen. Erst dann ist der Himmel dran. Jesus betet im Vaterunser:

»Dein Reich komme.
Dein Wille geschehe wie im Himmel
so auf Erden« (Mt 6,10)

Damit waren für ihn die Prioritäten festgelegt. Und wenn dann gleich in der nächsten Bitte die Frage nach dem täglichen Brot für alle angefügt wird, dann muss das alles zusammen auch unser globales wirtschaftliches Handeln bestimmen. Und wir müssen uns immer wieder daran erinnern, dass die Gebote dessen, der uns gemacht hat, keine Option sind, sondern die Vorgabe eines Mächtigeren.

Mit meinem Gott über Mauern springen

Trotz unabänderlicher Schicksalsschläge sollten gerade wir Christen nicht einem Fatalismus verfallen, sondern wirken, solange es Tag ist. Dramatische Entwicklungen können auch heilsame Herausforderungen für Menschen sein, die nicht den Kopf in den Sand stecken, sondern mit ihrem Gott über Mauern springen. Welche Möglichkeiten bieten sich an?

Wir sind zweifellos seit einiger Zeit bereits dabei, mehr und mehr Grenzerfahrungen zu machen. Erfahrungen, die grundsätzlich zweierlei Folgen haben können. Sie führen entweder zu einem Gefühl der grundsätzlichen Orientierungslosigkeit und Orientierungsunmöglichkeit, die sich dann in Verzweiflung und Depression fortsetzen oder in Panik und Aggression. Dies sind alles Fluchtmechanismen.

Oder es stellt sich eine Art von zunehmender Beunruhigung ein, die sich auf eine bewusste Suche nach echter Orientierung macht. Ich hoffe, wir Christen gehören zu dieser zweiten Gruppe. Beide Gruppen von Menschen finden wir in unserer Gesellschaft derzeit vor.

Für beide Gruppen, für die Flüchtenden und für die Sucher, gibt es ein Wort aus dem Neuen Testament. In Lukas 21 sagte Jesus sinngemäß einmal: *»Seht euch vor, lasst euch nicht vom Rausch im Nebel oder von den Alltagssorgen gefangen nehmen, sonst werdet ihr von jenem Tag unvorbereitet überrascht wie von einer Falle, die zuschlägt. Denn er kommt plötzlich über alle, die auf der Erde leben. Bleibt wach und hört nicht auf zu beten, damit ihr alles, was noch kommen wird, durchstehen und zuversichtlich vor den Menschensohn treten könnt.«*

Neue Machteliten entstehen

Mit der Globalisierung hat unsere Welt ein völlig anderes Gesicht bekommen. Gewiss eröffnen sich durch das Zusammenrücken der Völker und Kontinente neue Perspektiven für ein besseres gegenseitiges Verständnis und eine bessere wirtschaftliche Zusammenarbeit. Aber diese globale Medaille hat auch eine Kehrseite, die unübersehbaren Schaden anrichten kann.

Was hat sich beispielsweise bei den weltweiten Machtstrukturen geändert?

Durch die Globalisierung fast aller wichtigen Prozesse wird der Einfluss und die Kontrolle durch die bisherigen Machtzentren der Welt immer geringer. Nationalstaaten und deren Regierungen werden schnell und zunehmend bedeutungsloser. Mittlerweile sind in der Welt neue Machteliten entstanden, die international agieren.

Das können einzelne Personen sein wie Staatschefs mächtiger Staaten wie China und USA, aber auch Industriegiganten wie Bill Gates oder Filmproduzent Steven Spielberg. Bei den Organisationen fallen mir z. B. Green peace, der militante Islam, die südamerikanischen Drogenkartelle, die russische Wirtschaftsmafia und das Overseas-Chinese-Network ein.

Overseas-Chinesen als Wirtschaftsmacht

Was verbirgt sich hinter dem »Overseas-Chinese-Network«?

Es gibt einen gigantischen Wirtschaftsanstieg Asiens, der erst durch Machteliten möglich wurde. Ein Beispiel dafür sind die »Overseas-Chinese«, also Chinesen, die nicht in ihrem Stammland wohnen. Diese Leute haben ein Network zustandegebracht, das das Netzwerk aller Netzwerke zu sein scheint.

Diese Overseas-Chinesen sind bereits heute die drittgrößte Wirtschaftsmacht der Welt, nach den USA und Deutschland. 80 Prozent aller Investitionen in China werden von den Auslandschinesen finanziert, die weltweit über Kapitalreserven von weit über 200 Billionen Dollar verfügen. (Ca. doppelt soviel wie die Reserve Japans) Sie bestreiten ca. 70 Prozent aller Investitionen in Indonesien. Ungefähr die Hälfte aller Firmenneugründungen in Kalifornien stammen von den Auslandschinesen. Hier wächst ein gigantisches globales Machtpotenzial heran.

Mafiakartelle haben die beste Führungskompetenz

Vor allem auch in Osteuropa, im Kaukasus, auf dem Balkan und in Afrika gibt es eine Reihe von mafiösen Strukturen. Nach neuesten Schätzungen (Stand 2000) erwirtschaftet die internationale organisierte Kriminalität durch weltweiten Drogenhandel und Geldwäsche Finanzmittel in der Größenordnung von 500 Milliarden Dollar im Jahr.

Und über welches Machtpotenzial verfügen die Drogenkartelle und Mafiabosse? Wie ausgeprägt ist die Führungskompetenz der Mafiabosse und Drogenkartelle im Unterschied zu andern Machteliten?

Wenn wir uns vor Augen halten, wo wir heute Führungskompetenz finden, die lehrbuchgemäß zielorientiert, strategiekonform und erfolgreich operiert, dann würden wir eine Hitliste aufstellen, die uns gar nicht gefällt.

Die sichtbarste Führungskompetenz finden wir in den Bereichen der organisierten Kriminalität, dann kämen Minoritäten und Interessenverbände, dann die Wirtschaft, dann die Banken, dann die Politik und ganz zum Schluss die großen Kirchen.

Außerordentlich beunruhigend ist, welche Wirkung von diesen Machteliten ausgeht. Organisierte Kriminalität wirkt sinnzerstörend, die großen Kirchen wirken sinnvermittelnd. Sehen Sie die Verlagerung, die sich in der Welt der Führung ereignet? Die an Bedeutung zunehmenden großen Mafiakartelle Südamerikas, Russlands und Japans bewegen heute schon mehr Kapital als alle Regierungen aller westeuropäischen Länder zusammen. Aber die Mehrzahl aller Menschen glaubt immer noch, dass nationale Regierungen das Schicksal der Welt bestimmen und für ihre Sicherheit sorgen können. Dies ist ein gefährlicher Prozess, denn hier tun sich Wirklichkeitsdefizite auf.

Zusammenhänge von Führungsschwäche und Korruption

Die korrupte Gesinnung ist nicht nur auf die Mafiakartelle beschränkt, sondern breitet sich wie ein Bazillus auch in »normalen« Wirtschaftsunternehmen zunehmend aus.

Ich habe einen guten Freund in Amerika. Er gehört dort zu den bedeutenden Strategieberatern. Eines Abends saßen wir zusammen in einem Restaurant an der 3rd Avenue in Manhattan. Und ich sagte: »Du bist doch schon in vielen Unternehmen gewesen, die bankrott gegangen sind. Hast du einen roten Faden entdeckt, warum das alles passierte?«

Und er sagte: »Ja«

Ich fragte: »Wie sieht dieser rote Faden aus?«

»Nun«, sagte er, »20 Prozent Inkompetenz, 80 Prozent Korruption.«

Ich hakte nach: »Was verstehst du unter Korruption?«

Er sagte: »Korruption ist für mich alles, wo jemand seine eigenen Interessen über die des Unternehmens stellt. Das ist ein banales Beispiel für Führungsschwäche.«

Und dann pausierte er eine Weile, um danach einen überraschenden Satz hinterherzuschieben: »Um die Zusammenhänge von Führungsschwäche und Korruption wirklich zu verstehen, we need a new concept of evil, müssen wir das Böse besser verstehen.«

Noch nie hatte mir ein christlicher Theologe erklärt, dass es einen Zusammenhang zwischen Führungsschwäche und der Macht des Bösen gibt. Das musste ich erst von einem liberalen Juden lernen.

Der Apostel Paulus hat dann wohl den Managern und Führungskräften etwas zu sagen, wenn er darauf hinweist, dass Jesus auf die Erde gekommen ist, um die Werke des Teufels zu zerstören. Es wird zunehmend wichtiger darauf zu achten, wer uns Führungsqualität und Führungsqualifikation anbietet. Denn Wirkung geht nicht nur von Gott aus.

»Du musst ein Freund des Bösen sein«

Ich möchte noch einmal die Worte Ihres amerikanischen Freundes aufgreifen: »Wir müssen das Böse besser verstehen.« Diesen Satz kann man unterschiedlich deuten. Ich musste dabei an den Vietnam-Kriegsfilm »Apocalypse Now« denken. Marlon Brando spielt einen amerikanischen Oberst, dessen Soldaten in einem vietnamesischen Dorf Kinder gegen Kinderlähmung impfen. Als er nach einigen Wochen in dasselbe Dorf zurückkehrt, haben andere Soldaten diesen Kindern die Arme abgehackt. Beim Anblick dieses Gemetzels droht der Oberst wahnsinnig zu werden. »Wie können Menschen so grausam sein?«, fragt er sich immer wieder. Er sieht nur einen Ausweg, um mit dem Bösen fertig zu werden. Er freundet sich mit der bösen Macht an, weil er sie nicht besiegen kann: »Du musst ein Freund des Bösen (Horror) sein«, suggeriert er sich. Die Macht wollte er um jeden Preis behalten, wie zweifelhaft sie auch sein mag. Und dann gebärdet er sich wie ein blutrünstiger Tyrann, der am Ende vor sich selbst kapituliert und mit dem Tode bestraft werden möchte. Die bösen Geister, die er rief, wurde er nicht mehr los. Hat der Widersacher Gottes auch mit manchen Wirtschaftsbossen einen Pakt geschlossen?

Der Widersacher Gottes bietet uns immer wieder einen scheinbar intelligenten Weg an, indem er uns Sünde als strategische Option verkauft. Denken Sie an das erste Angebot im Garten Eden, das der Widersacher dort machte. Dieses Angebot schien vernünftig. Den beiden Paradiesbewohnern wurde Führungsqualität angeboten: Wissen um Zusammenhänge, Durchblick, Erkenntnis und Unternehmerpotenzial. Es war ein faszinierendes Angebot von Führungskompetenz durch Machtausübung, allerdings ausgestattet mit einer Führungsqualität, die nicht von Gott stammte. Und dieses Angebot und die daraus resultierende Führungspraxis finden wir heute wieder in unserem Leben.

Die globalen Erfolge von organisierter Kriminalität gehen direkt auf dieses Führungsangebot zurück, nämlich auf die Gott und Menschen verachtende Kombination von Brain-Power und Hell-Power. Nie zuvor hat Kriminalität mit soviel zynischer Intelligenz so erfolgreich gearbeitet wie heute. Auch das wird ein Teil unserer Zukunft sein. Von allen Prozessen der Globalisierung ist die Globalisierung der organisierten Kriminalität der Furcht erregendste. Was unsere Welt von heute und morgen prägt und prägen wird, sind neue außerordentlich wirksame und menschenverachtende Wege von Machtausübung.

Kontrolle über die Macht des Geistes

Eine subtilere Form der Verführung ist der Machtmissbrauch des Geistes, die Kontrolle über das Denken des Menschen im globalen Zeitalter. Hier müssen Christen besonders auf der Hut sein, wie mir scheint; denn letztlich muss eine multikulturelle Völkergemeinschaft auf ein einheitliches Denken getrimmt werden, wenn sie funktionieren soll, sagen manche Soziologen.

Hier ist unsere geistliche Wachsamkeit gefragt. Als Jesus mit dem jüdischen Gelehrten Nikodemus ins Gespräch kam, sagte er ihm sinngemäß, es sei eine Krise in die Welt gekommen. Bei den alttestamentlichen Propheten habe sie angefangen. Da heißt es an einer Stelle, der Herr des Systems, Satan, wurde hinausgeworfen, und der verheißene Messias würde diese Krise anstoßen. Dieser Aspekt von Licht und Dunkelheit zieht sich wie ein roter Faden durch das Neue Testament hindurch. Wer diesen geistlichen Ansatz begreift, weiß, was in unserer Zeit passiert.

Vor einiger Zeit sagte ein Direktor der UNO: »Um zu einer wirklichen Weltregierung zu kommen, wird es notwendig sein, aus dem Geist der Menschen einiges zu entfernen: ihren Individualismus, ihre Loyalität zur Familientradition, ihren nationalen Patriotismus und ihre religiösen Organe.«

Seit geraumer Zeit gibt es treibende Kräfte, die einer solchen Weltordnung zur Geburt verhelfen wollen.

Operiert wird oft mit dem Begriff der Einheit. Genau an dieser Stelle setzen sowohl die New-Age-Denker als auch der Ökumenische Rat der Kirchen an. Einheit ist ja die Plattform für Macht schlechthin.

Erinnern wir uns, an welcher Stelle Jesus den Begriff »Einheit« ins Spiel bringt? Einheit ist für ihn z.B. eine Voraussetzung für wirksames Gebet (Matthäus 18,19) und wirksames Zeugnis (Johannes 17,23). Auch hier wird Macht ausgeübt zum Wohle des Menschen, aber eine Macht, die nicht von Menschen produziert und kontrolliert wird. Gott selber will seine Macht dorthin lenken, wo seine Leute sich geistlich einig sind.

Im religiösen Gewand der New-Age-Bewegung schleicht sich eine Verführungsmacht mit dem Anspruch des Einheitsstrebens in unser globales Denken ein, um letztlich auch das Christentum zu vereinnahmen. »Eine der Gefahren der New-Age-Bewegung besteht darin, dass sie eine perfekte Basis für ein globales Glaubensbekenntnis liefert. New Age kann sich mit jeder Religion verbinden, außer dem Christentum. New Age braucht immer eine positive Sprache. »Sünde« kommt in ihrem Wortschatz nicht vor. Stets wird das großartige Potenzial des Menschen herausgestellt, nie seine Schwächen. In diesem

Sinn ist die New-Age-Bewegung genau der geistliche Ansatz für eine neue Weltordnung. Um die Welt wieder zusammenzukitten, müssen alle religiösen Unterschiede schleunigst eliminiert werden. – sagt ein UNO-Sprecher.

Kampf der Kulturen

Eine Auseinandersetzung mit Hinduismus, Buddhismus und Islam steht den Christen ebenfalls ins Haus. Was haben wir hier zu erwarten?

Die kulturelle Herausforderung des biblischen Christentums ist eine direkte Folge der Globalisierung. Der Harvard-Professor Samuel Huntington nennt in seinem Buch »Kampf der Kulturen« überzeugende Gründe dafür, dass die Kriege der Zukunft sehr wahrscheinlich Kulturkriege sein werden. Weil in einer globalisierten Welt die Bedeutung der Nationalstaaten laufend zurückgeht, werden sich Menschen mehr und mehr wieder mit ihrer Kultur identifizieren. Und Kulturen definieren sich immer durch Religionen. Dabei wird sich dann sehr schnell herausstellen, wie vital, wie kraftspendend, wie überzeugend und sinnstiftend die einzelnen Religionen sein werden. In meiner Sprache würde ich dazu sagen: wie wettbewerbsfähig.

Der geistige und geistliche Wettbewerb zwischen christlichem Glauben und Islam hat auch in unseren Ländern längst begonnen. Der nächste Wettbewerb wird mit dem Buddhismus ausgetragen werden. Eigentlich hat er schon begonnen. In einigen großen Hotels liegt neben dem Neuem Testament der GIDEONS bereits die Lehre Buddhas aus.

Luxusdampfer Europa auf Kollisionskurs

Welche Chancen hat Europa im globalen Wirtschaftswettbewerb mit Asien und Amerika?

Unser materieller Wohlstand hat uns in den letzten Jahren derart berauscht, dass wir nicht mehr in Zukunft investierten, sondern Zukunft konsumierten. Wir gönnten uns noch höhere Gehälter, noch größere Autos, noch großzügigere Abfindungen und arbeiteten noch weniger.

Von kostspieligen Beamtenstrukturen, Altersversorgungen, Krankenversicherungen bis zu traumhaften Gehältern gewöhnte sich ein großer Teil Europas an einen sehr hohen Lebensstandard, der schon lange nicht mehr durch entsprechende volkswirtschaftliche Leistungen abgedeckt ist.

Große unproduktive Staatsunternehmen und sterbende Branchen (Kohle, Stahl, Schiffsbau, Landwirtschaft) werden seit Jahrzehnten mit Hilfe von zum Teil riesigen Subventionen künstlich am Leben erhalten. Wen wundert es, dass die Staatsschulden immer höher werden?

Unsere systemstabilisierende Sozialstruktur der gegenseitigen Abhängigkeit von Staat und Wirtschaft ist zwar sehr ehrenwert und populär, aber diese Art von »Gesellschaftsvollkaskoversicherung« ist wirtschaftlich schon längst nicht mehr tragbar.

In Asien käme z. B. niemand auf die Idee, die Versorgung seiner alten Eltern dem Staat zu überlassen. Es gibt keine Wohlfahrtssysteme in Asien. Es ist ein ungeschriebenes Gesetz, dass jede Familie für ihre Eltern sorgt. Können Sie sich vorstellen, dass damit in diese gesamten Netzwerke eine Art von Verantwortungsgefühl hineinkommt, eine Art von Selbstdisziplin, Sparsamkeit und eine Dimension von Nächstenliebe, von der wir hier in Europa nur träumen können? Stellen Sie sich vor, wir könnten unsere immensen staatlichen Unterhaltungskosten einsparen!

Gnadenlose Verschärfung des globalen Wettbewerbs

Wie wirkt sich diese uneffiziente Vorgehensweise einer anspruchsvollen europäischen Industriegesellschaft auf die globale Arbeitsmarktsituation aus?

Nirgendwo anders auf der Welt wurde bisher soviel Geld für zunehmend weniger Leistung während so geringer Jahresarbeitszeit bezahlt wie in Europa.

Die gleiche einfache Arbeit, für die ein deutscher Arbeiter hundert bekommen würde, macht ein Arbeiter in einem sehr armen Land für eins. Kein Land der Welt arbeitet teurer und weniger als Deutschland. Für die Kosten eines westdeutschen Arbeiters arbeiten ungefähr 10 Ungarn, 17 Tschechen, 18 Polen, 78 Bulgaren, 70 Russen und ca. 100 Vietnamesen.

Europäer auf der Speisekarte der Asiaten

Wie sehr unsere Welt im Umbruch ist und wie weit und schnell sich Asien und Europa auseinanderentwickeln, musste ich mir einmal auf etwas bizarre Weise vor Augen führen lassen.

In Indonesien erzählte mir ein Amerikaner in einem Luxushotel in Djakarta folgende wahre Begebenheit. An einer Südseekreuzfahrt nahm auch der Staatspräsident der Fidschiinseln teil. Eines Abends frotzelten einige Amerikaner und Europäer in der Schiffsbar auf eine etwas lieblose Weise mit ihm herum. Es sei doch noch gar nicht so lange her, dass auf den Fidschiinseln noch Kannibalen gelebt hätten. Sie fragten den Präsidenten, wie man innerhalb so kurzer Zeit dort zivilisierte Menschen schaffen konnte. Am nächsten Abend hatte der Kapitän zu einem Dinner eingeladen. Jedem Gast wurde die Speisekarte gereicht. Demonstrativ studierte der Präsident der Fidschiinseln die Karte etwas ausführlicher, gab sie dann dem Steward wieder zurück und sagte zu ihm: »Mir schmeckt das alles nicht. Geben Sie mir bitte die Passagierliste.«

Wir Europäer leisten uns immer noch eine Art selbstgefälliger Überheblichkeit Asien und Amerika gegenüber.

Wir fahren mit einem Luxusdampfer durch die Welt und interessieren uns mehr für die richtige Temperatur des ausgeschenkten Weines als für die Fahrtüchtigkeit des Dampfers oder für den Preis des notwendigen Dieselöls.

Wir bemerken gar nicht, dass insbesonders die Industrieländer des asiatischen Raumes längst die Passagierliste des Dampfers studieren; es gibt schon so etwas wie einen wirtschaftlichen oder industriellen Kannibalismus, der mittlerweile im vollen Gang ist. In Asien laufen die Uhren schneller als hier. Die drei großen Gebiete der Triade Nordamerika, Europa und pazifischer Raum entfernen sich immer weiter voneinander.

Bibel als Motor von Wissenschaft und Fortschritt

Bei meinem letzten Ostasienbesuch sagte mir der Präsident einer angesehenen Universität in der südkoreanischen Hauptstadt Seoul: »Ich bin Buddhist, aber ich sympathisiere mit dem Christentum; denn alles, was mit Wissenschaft und wirtschaftlichem Fortschritt zusammenhängt, ist ohne das biblische Know-how (Gewusst-wie) überhaupt nicht zu begreifen und zu realisieren.«

Abgesehen von der vorbildlichen Altersfürsorge und andern ethischen Grundsätzen, sind die entscheidenden Merkmale für eine funktionierende Industriegesellschaft im biblischen Denken verankert. Es sollte uns zu denken geben, dass die meisten Entwicklungsländer

aus dem religiösen Kulturkreis des Islam, des Hinduismus und des Buddhismus kommen. Japan und die aufblühenden ostasiatischen Staaten haben die Wirtschaftsstruktur der biblisch-orientierten Industriestaaten kopiert.

Typisch biblische Merkmale sind u. a.: Der Mensch als Mandatsträger des Schöpfers (Auftrag: Die Erde bebauen und bewahren), die begrenzte Zeit ausnutzen, zielorientiert leben im Gegensatz zum »Kreislaufdenken« (Reinkarnation) der asiatischen Religionen, Rechenschaft ablegen vor einem Schöpfergott, Verantwortung übernehmen, Gleichheit aller Menschen, Erlösung von Schuld und Tod, Hoffnung des ewigen Lebens. Die Charta der Menschenrechte wäre ohne die biblische Grundlage nicht denkbar und anwendbar.

Der englische Wissenschaftler Alan Richardson kommt in seinem Buch »Die Bibel im Zeitalter der Wissenschaft« zu dem Schluss: »Die moderne wissenschaftliche Einstellung, die höchste Leistung der christlichen Kultur, ist der wichtigste Triumph des menschlichen Intellekts seit Beginn der Geschichte. Die Naturwissenschaft und ihre Sprösslinge, die Technik und die Medizin sind die Gabe der christlichen Kultur an die Menschheit.«

Ich glaube auch, dass die biblische Botschaft, die christliche Schöpfungs- und Erlösungstheologie den heutigen Menschen in seiner Leistungsbereitschaft und seinem Verantwortungsbewusstsein stark motivieren könnte und auch immer wieder motiviert.

Es ist gewiss kein Zufall, dass sich die größte christliche Gemeinde der Welt mit etwa 80.000 Gliedern in Seoul befindet.

In Asien wächst das Christentum dreimal so schnell wie die Bevölkerung und zwar nur dort. Das müsste uns eigentlich zu denken geben.

Globalisierung des Antisemitismus

Noch einmal zurück zum Thema Globalisierung: Gibt es geistige oder sogar geistliche Facetten dieses Prozesses, die wir besonders beachten sollten? Könnten Sie sich vorstellen, dass Gott hier mitredet?

Die Globalisierung wirtschaftlichen Geschehens hat die Welt verändert und wird sie noch weiter verändern. Was hier abläuft, ist durchaus mit der industriellen Revolution zu vergleichen. Was uns alle aber hellwach machen sollte, ist die Globalisierung von Meinungsbildung durch megagroße Massenmedienkonzerne. Die diesbezogenen Firmenzusammenschlüsse der letzten Zeit lassen da nicht unbedingt Gutes erwarten. Was mich als Christ in diesem Zusammenhang aber besonders nachdenklich stimmt, ist die schnelle Globalisierung von Antisemitismus.

Ich war vor kurzer Zeit mal wieder in Jerusalem und war erschrocken, wie unverdeckt offen, wie zynisch und wie professionell verlogen derzeit nicht nur das politische Geschehen in Israel bewusst falsch dargestellt wird, sondern wie bewusst auch das biblische Erbe Israels demontiert wird. Wenn zum Bespiel immer wieder herausgestellt wird, dass die Geschichte dieses Landes zwischen Jordanien und dem Mittelmeer erst nachträglich »judaisiert« wurde, dass es in Jerusalem nie einen jüdischen Tempel gegeben habe und dass die Herleitung des jüdischen Glaubens aus dem biblischen Geschehen in diesem Land frei erfunden sei – dann ist das gleichzeitig auch eine Demontage des biblischen Christentums. Bei der permanenten Darstellung haarsträubend falscher Zusammenhänge überbieten sich in Jerusalem zwei Männer, die es beide besser wissen sollten. Der von Arafat eingesetzte neue Mufti von Jerusalem – und der Repräsentant von CNN in Jerusalem. Was hier in alle Welt hinausgeht, sind nicht Produkte einer unterhaltsamen Boulevardpresse, sondern die Falschmeldungen hochrangiger

Vertreter einer bedeutenden Weltreligion (Islam) und einer der weltgrößten Medienkonzerne (CNN). Während die großen Kirchen (die auch zum Holocaust schwiegen!) auch diesmal wieder schweigen, ist es bemerkenswerterweise das Wall Street Journal, das diesen verlogenen Journalismus wie folgt kommentiert (30. Oktober 2000):

»Das Thema, um das es sich hier dreht, ist nicht der Charakter oder die Absichten von Herrn Sharon, es ist die gezielte Ausradierung nicht nur der jüdischen Geschichte, sondern auch des jüdischen Glaubens ... Wenn das Judentum keine Wurzeln in Jerusalem hatte, dann wurde auch das Christentum nie geboren.«

In Jerusalem hatte ich Gelegenheit, mich mit einer der profiliertesten jüdischen Journalistinnen des Landes zu unterhalten, die für »CNN Watch« arbeitet und dort die Unwahrheiten dieses Senders für die israelische Öffentlichkeit wieder repariert – und sich damit von CNN den Vorwurf des Rassismus eingehandelt hat. Wenn ein so bedeutendes westliches (!) Massenmedium sich zu einer Propagandamaschine für die PLO machen lässt, dann muss uns das nachdenklich stimmen.

Was dort in Israel seit geraumer Zeit stattfindet, geht weit über eine lokale Streiterei zwischen Israel und der PLO hinaus. Hier hat längst eine neue Phase der Globalisierung begonnen, hier findet ideologische Globalisierung statt, eine neue breit angelegte, gefährliche Meinungsmache, die uns alle betreffen wird.

Diese neue geistige und geistliche Entwurzelung von Menschen, um Platz zu machen für eine ungestörte neue geistige »Einheit« aller Menschen, für eine neue Weltordnung. Denn wir wissen aus Erfahrung, dass man mit Menschen ohne Wurzeln, ohne Wertebasis, ohne tradierte Kulturverankerung nahezu alles machen kann. Denn Wurzeln entfernen heißt, Werte entfernen. Und keine Werte mehr haben heißt manipulierbar sein, heißt schlussendlich Verlust der Identität. Israel ist dasjenige Volk, das die stärksten, und mit die ältesten und längsten geschichtlichen Wurzeln hat, kulturelle und religiöse Wurzeln. Darüber hinaus gibt es wohl kaum ein anderes Volk, das bewusster und intensiver an seinen Wurzeln festhält – nicht zuletzt auch deshalb, weil diese Wurzeln an ein begründbar und historisch nachweisbares Versprechen Gottes gebunden sind. Genau diese Wurzeln begründen gleichzeitig aber auch die Substanz, den Auftrag und die Zukunftshoffnung des biblischen Christentums.

Es ist also sehr offensichtlich, dass der Kampf um die kulturelle geschichtliche Entwurzelung von Nationen und Religionen hier ansetzt: in Israel. Dass hier aber der (ebenfalls historisch-religiös verwurzelte!) Islam und Teile der bereits längst wurzellos gewordenen westlichen »Informationsgesellschaft« problemlos zusammenarbeiten, das sollte eigentlich bei allen von uns tiefes Unbehagen erzeugen. Und dass die hier bereits längst ins tödliche Zielgebiet geratenen großen christlichen Kirchen unbeteiligt tun und schweigen – das sollte alle wirklichen Christen in Alarmzustand versetzen. Wie sagte das Wall Street Journal in dem eben zitierten Bericht? *»Sollten die Christen jetzt nicht aufstehen, wo es um die Geschichte und die zentralen Ansprüche des Christentums geht? ... Wo ist der christliche Aufschrei?«*

Es ist eminent wichtig, dass wir uns alle von Zeit zu Zeit daran erinnern – Christen und Nichtchristen –, dass es Jerusalem war, wo die großen, uns alle verbindenden Werte der Menschheit zum ersten Mal aufgestellt wurden: Der Glaube an einen Gott, die Brüderlichkeit aller Menschen, die Bedeutung des Gesetzes und die Vision eines ewigen Friedens. Das hat Menschen zu allen Zeiten immer wieder inspiriert, sich für diese Werte einzusetzen. Aber diese Werte erreichen unsere Welt zuerst in Jerusalem.

Mittlerweile sieht alles danach aus, dass dieser Prozess der globalen Entwurzelung und insbesondere auch der Demontage des biblisch-geschichtlichen Erbes Israels und des Christentums planmäßig weitergeht. Damit wird dann auch den Christen eine neue Aufgabe zufallen, im Kampf gegen Kriege und Gotteshass bis an die Grenze zu gehen, um den in die Mitte zu stellen, der Sinn, Ziel und Mitte dieser bekämpften biblischen Geschichte war und ist: Jesus Christus. Wieder eine neue Aufgabe für Christen, Grenzgänger Gottes zu werden. Aber diesmal geht's um alles. Und zwar auf beiden Seiten. Die andere Seite weiß das – wir auch?

Navigation bei Systemveränderung

Appell an das änderungsunwillige Europa

Sowohl die Propheten im Alten Testament als auch Jesus und die Apostel im Neuen Testament werden nicht müde, ständig an ihre Zuhörer den Ruf ergehen zu lassen: »Ändert euer Leben.«

Im globalen Wirtschaftszeitalter ergeht dieser Ruf vor allem an das änderungsunwillige Europa. Wie können wir aus dem Schlaf der Gleichgültigkeit erwachen?

Wir müssen eine wichtige Lektion lernen. In einer Zeit vieler schneller und dazu auch noch vieler verschiedener Änderungen müssen wir zunächst einmal hellwach sein, um wahrzunehmen, was sich um uns herum abspielt. Außerdem entdecken wir immer mehr an uns Europäern eine bemerkenswerte Unfähigkeit und wohl auch Unwilligkeit, mit Änderungen umzugehen. Große Teile Europas sind änderungsunwillig geworden.

Wenn die führenden Industrieunternehmen nicht die Fähigkeit erwerben, Änderungen schnell in den Griff zu bekommen, haben sie keine Überlebenschance, d. h. sie müssen einen Führungsstil entwickeln, der sich grundsätzlich von dem der Vergangenheit unterscheidet. Was das bedeutet, werde ich später noch erläutern.

Es sollte uns zu denken geben, dass in den Vereinigten Staaten innerhalb von zehn Jahren etwa die Hälfte aller Unternehmen verschwindet. Wir nehmen es nur nicht wahr, weil es jedes Jahr nur ca. zehn Prozent betrifft. Von den Unternehmen Amerikas haben von 1980 bis 1990 nur 52 Prozent überlebt, 48 Prozent wurden verkauft, gingen Kooperationen ein oder meldeten Konkurs an.

Es sind verschiedenartige Untersuchungen angestellt worden, wie es zu diesem Unternehmenssterben kommt. Und es kam immer wieder der gleiche Grund heraus: Die Manager dieser Unternehmen waren änderungsunfähig, sie hatten sich nicht rechtzeitig genug auf die Veränderung ihrer Märkte eingestellt. Europa ist übrigens ebenso betroffen. Auch in der Bundesrepublik Deutschland ist in der gleichen Zeit die Hälfte aller Unternehmen verschwunden. Das muss uns zutiefst beunruhigen.

Im Sommer 1986 stand in der Hauszeitschrift der Unternehmensberatungsfirma Mc Kinsey folgendes zu lesen:

> *»Wenn wir uns die bisherige Arbeitsweise derjenigen Industrien anschauen, die größeren Änderungen unterworfen waren, dann haben wir Grund genug zur Annahme, dass von den derzeitigen Unternehmensführern dieser Industrien heute in 10 Jahren nur noch jeder Dritte seine Führungsposition behalten wird …*
> *Was unterscheidet die derzeitigen und zukünftigen führenden Industrieunternehmen von jenen anderen, die es nicht schaffen werden? Vor allem anderen ihre Fähigkeit, Änderungen schnell in den Griff zu bekommen, d. h. einen Managerstil zu entwickeln, der sich grundlegend von dem der Vergangenheit unterscheidet.«*

Diese Voraussage hat wohl zugetroffen.

Lerngeschwindigkeit übertrifft Änderungsgeschwindigkeit

Wir müssen uns gegenseitig beunruhigen, nicht verängstigen. Wenn wir innere Unruhe empfinden über das, was um uns herum passiert, erst dann können wir uns gegenseitig ermutigen. Die drohende Wirtschaftsmisere muss uns ständig herausfordern, Neues zu denken und Neues zu tun. Voraussetzung ist eine kritische, konstruktive Unruhe. Lassen Sie mich dazu einige Anmerkungen machen:

Dennis Meadows sagte vor einiger Zeit in Wien: »*Die Frage, vor der wir stehen, lautet nicht, ob wir uns zu einer Änderung entschließen oder die Dinge beim Alten lassen wollen; denn zu einer Änderung wird es in jedem Fall kommen, auch ohne unser Zutun. Die Phase des Wachstums wird in den nächsten 60 Jahren unweigerlich zu Ende sein.*«

Bedenkenswert ist auch der viel zitierte Satz des Mainzer Betriebswirtschaftlers Hermann Siemon: »*Künftig können Unternehmen nur noch dann überleben, wenn ihre Lerngeschwindigkeit größer ist als die Änderungsgeschwindigkeit ihrer Umwelt.*«

Änderungsprozesse ohne Zukunftsperspektive

Es scheint uns immer weniger zu gelingen, die zukünftigen Wirtschaftsstrukturen und Abläufe richtig und sinnvoll zu beherrschen. Welcher Art sind diese Prozesse mit globaler Dimension, die derzeit in unserer Welt ablaufen?

Es gibt vor allem drei starke Motoren, die Änderungsprozesse anstoßen, betreiben und in Gang halten. Sie sind in erster Linie verantwortlich für den globalen Umbruch.

Erstens: das Zerschlagen von Werten, die früher Sinnfindung ermöglichten. Zweitens: das Entwickeln von technischen Werkzeugen zur schnellen und globalen Information, Kommunikation und Logistik. Es ist fast so, als wäre eine große Pflugschar in einen Ameisenhaufen gefahren. Drittens: der Verlust langfristiger Perspektiven, die früher Hoffnung ermöglichten. Durch das Abschaffen von Ewigkeit ist unsere Sicht der Dinge sehr kurz geworden.

Reichtum der Mittel und Armut der Ziele

Zukunft braucht Herkunft. Ohne Herkunft ist Zukunft nicht denkbar. Einstein sprach einmal von einem ähnlichen Phänomen, von der bedrohlichen Kombination des Reichtums der Mittel und der Armut der Ziele. Aber unsere Situation ist heute noch viel weitgreifender. Wir haben einen Prozess mit einer ungeheuren Brisanz eingeleitet und mit einem außerordentlich hohen Konfliktpotenzial. Wir haben mittlerweile eine gewaltige Potenz entwickelt, deren Einsatz kulturell beziehungslos geschieht, weil am Anfang keine Werte stehen und am Ende keine Hoffnung mehr besteht. Wenn man gleichzeitig orientierungslos, stark und kurzsichtig ist, wird schneller Fortschritt riskant. Unser System »Welt« ist mittlerweile extrem instabil geworden. Was wir immer wieder für uns selbst beruhigend als »Strukturwandel« bezeichnen, hat sich schon längst zu einem Strukturzerfall weiterentwickelt.

Lebensnavigation in einem System der Veränderung

Der Psychoanalytiker Erich Fromm hat einmal gesagt: »Wo die Hoffnung aufhört, ist das Leben zu Ende.« Ohne sinnvolle Zukunftsperspektive geht uns bei allen gut gemeinten Änderungsbemühungen der lange Atem aus. Die Motivation erlahmt, weil der langfristige Orientierungsrahmen fehlt. Am Ende bleibt die Frustration. Wie kommen wir aus dieser Sackgasse heraus?

Gefährlich an der derzeitigen Situation ist die Tatsache, dass wir gleichzeitig orientierungsbedüftig und orientierungsunwillig sind. Das macht die Sache so riskant. Dieser Gefahr muss jeder Einzelne entgegentreten. In einer Zeit vieler massiver Veränderungsprozesse und Umbrüche muss jeder zusehen, wo er steht, wo er hingeht und wo er Halt findet, wo er seinen Anker auswerfen kann. Das ist eine Frage der Navigation.

Ich habe für mich selbst eine Art kleines persönliches Glaubensbekenntnis entwickelt, das ich mir aufgeschrieben habe und das ich mir öfter vor Augen halte:

»Meine Bereitschaft und meine Fähigkeit,
mich selbst zu ändern
und Änderungen um mich herum anzustoßen,
hängt an einer wichtigen Voraussetzung:
Es muss eine Mitte allen Geschehens geben,
die fest und unveränderlich ist – unter allen Bedingungen.
Irgendetwas oder irgendeiner,
zu dem ich immer wieder hingehen kann,
um das letzte Ziel und den letzten Sinn
aller Änderungen in mir und um mich herum
zu verstehen und zu bewältigen.«

Gott ändert sich nicht !!!

Diese unveränderliche Mitte allen Geschehens ist für mich Jesus Christus. Von allen Aussagen der Bibel ist mir die Aussage, dass Gott sich nicht ändert, die kostbarste geworden. Er ist immer derselbe. Er ist der Einzige in der Welt, von dem gesagt wird, dass er sich nicht ändert. Alles andere ändert sich. Wenn Sie Halt finden wollen, suchen Sie nichts anderes. Alles andere bewegt sich und wird sich weiter bewegen und weiter ändern.

Alternativer Lebensstil oder Neuwerdung

Wenn ich Sie recht verstehe, können Sie den letzten Sinn aller persönlichen und gesellschaftlichen Veränderungen nur dann nachvollziehen, wenn Sie von einer unveränderlichen Mitte aus operieren, nämlich aus dem Glauben an Christus.

Mit diesem alternativen Lebensstil kann der von Gott losgelöste Zeitgenosse nichts mehr anfangen. Wie können Sie ihm diesen ungewöhnlichen Jesus-Stil begreiflich machen?

Wenn wir heute in eine Diskussion geraten über die vielen Umbrüche in unserer Welt, und was man da eigentlich tun müsste, dann wird irgendjemand nach einer gewissen Zeit den Begriff »alternativ« ins Spiel bringen.

Alternativer Lebensstil, alternative Energien, alternative Landwirtschaft … Wissen Sie, was alternativ bedeutet? Es leitet sich von dem Lateinischen »alter natus« ab und bedeutet soviel wie »anders geboren«. Neu geboren, wiedergeboren! Noch einmal in ein neues Leben hineinstarten, mit einer neuen Wesensart und einer neuen Denkweise. Noch einmal von vorn anfangen. Das ist alternativer Lebensstil, und davon redet Jesus.

»Ich habe die Chance der Lebensveränderung wahrgenommen«

Und das konnte der jüdische Gelehrte Nikodemus, der Jesus in der Nacht aufsuchte, nicht begreifen: »Du musst noch einmal neu geboren werden.« Ich weiß nicht, ob Sie das begreifen können. Ich kann es nicht begreifen. Ich weiß nur, dass es funktioniert. Ich habe diese Chance bekommen und sie wahrgenommen, und das hat mein Leben total anders gemacht. So anders, dass ich mich an das frühere Leben schon gar nicht mehr erinnern kann.

Unsere geschichtliche Entwicklung macht uns deutlich, dass wir in unserer sich schnell ändernden Welt uns selber auch ändern müssen. Wir müssen uns ändern, sonst passen wir nicht mehr in diese Welt. Die Bibel sagt das immer wieder: Ihr müsst euch ändern, sonst passt ihr nicht in den Himmel.

Der Apostel Paulus sagt: »Wenn ein Mensch sein persönliches Leben an Christus anbindet, dann ist er seinem Wesen nach ein anderer Mensch geworden.«

Es gibt eine wirklichkeitserprobte Alternative. Noch einmal von vorn anfangen. Aber das heißt auch: die alten Lebens- und Denkweisen müssen aufhören.

Unser Wohlstandslebenssystem der Gegenwart zum Beispiel passt längst nicht mehr auf das Zukunftssystem unserer Kinder. Wenn wir wollen, dass unsere Kinder eine lebenswerte Zukunft haben, müssen wir unseren heutigen Lebensstil drastisch korrigieren und ändern. Aber die innere Kraft dazu kann nur von dem kommen, der uns gemacht hat. Ich habe noch nie einen Menschen getroffen, der das aus eigener Kraft geschafft hat.

Wohlstand lässt Gott und die Wirklichkeit vergessen

Könnten der jahrzehntelange Wohlstand und die daraus resultierenden Bequemlichkeiten daran schuld sein, dass die Gottes- und Sinnfrage sowie die mangelnde Bereitschaft zur Veränderung unseres persönlichen und gesellschaftlichen Lebens einfach verdrängt werden?

Es gibt eine schmerzhafte Lektion, die wir Europäer alle lernen müssen. Die lange Zeit des Wohlstands, die Zeit des Friedens und der Annehmlichkeiten haben uns etwas sehr Wertvolles gekostet. Wir haben nicht nur unsern Biss und unsere Dankbarkeit und Verzichtbereitschaft verloren. Wir haben auch die Einsicht verdrängt, dass wir als Menschen nicht auf ein »leichtes Leben«, sondern auf Anstrengung und Unsicherheit programmiert sind. Nur dadurch werden wir immer wieder lebenstüchtig und überlebensfähig.

Vier Lebenseinstellungen scheinen uns Europäern weitgehend abhanden gekommen zu sein: erstens ein begründeter Zukunftsmut, zweitens eine grundsätzliche Dankbarkeit, drittens eine couragierte Änderungsbereitschaft und viertens eine intelligente Opferbereitschaft. Alles zusammengebunden würde das heißen, dass uns das Bewusstsein für Wirklichkeit abhanden gekommen ist. Es ist eine schmerzende Einsicht, dass lang währender Wohlstand wirklichkeitsfremd macht.

Seid hellwach und verfehlt nicht das Ziel

Welche biblische Botschaft müsste man an diese Gott entfremdeten und selbstgefälligen Europäer richten?

Wir finden in der Bibel immer wieder ähnliche kritische Situationen. Ich denke z. B. an das 6. Kapitel des 5. Buches Mose. Da wird dem Volk Israel sinngemäß gesagt: »*Vergesst nicht den Herrn, euern Gott. Missachtet nicht seine Weisungen, Gebote und Rechtsbestimmungen. Werdet nicht übermütig, wenn es euch gutgeht. Wenn ihr genug zu essen habt und in schönen Häusern wohnt, sollt ihr nicht euern Gott vergessen. Lasst euch nicht einfallen zu sagen: ›Das alles haben wir uns selbst zu verdanken. Mit unserer Hände Arbeit haben wir diesen Wohlstand geschaffen.‹ Seid euch vielmehr bewusst, dass der Herr, euer Gott, euch die Kraft gab, mit der ihr das alles erreicht habt.*«

Ich würde noch hinzufügen: Seid hellwach, dass ihr das Ziel nicht verfehlt. Setzt Prioritäten. Unterscheidet Wichtiges vom Unwichtigen. Setzt euch Maßstäbe. Lebt verantwortlich und seid bereit Rechenschaft abzulegen für alles, was euch Gott gegeben hat. Fürchtet euch nicht, spricht Gott, der Herr, ich bin das Ziel eurer Hoffnung.

Fit für herausfordernde Zukunftsaufgaben

Wenden wir uns den vor uns liegenden Aufgaben zu. Die Zukunft hat schon begonnen. Wie können wir uns fit machen, um den globalen Herausforderungen gewachsen zu sein?

Unter Fitness verstehe ich einmal Tauglichkeit, Eignungs- und Leistungfähigkeit, Qualifikation und Anpassungsfähigkeit für eine Aufgabe außerhalb meiner selbst. Dann kann ich aber auch noch fit für mich selbst sein, indem ich mich wohl fühle, gesund und sportlich gut drauf bin. Richtig fit sein heißt auch immer: körperlich fit sein, mental fit sein und geistlich fit sein.

»Bin ich wirklich fit für eine herausfordernde Zukunft?« Wenn Sie diese Frage umfassend beantwortet haben möchten, dann muss sie noch präziser gestellt werden. Sie sollten sich dann fragen: Wie überlebe ich erfolgreich in einem Umfeld hoher Änderungsdynamik?

Fit für die Zukunft heißt, über vier wichtige Ressourcen zu verfügen: Erstens »geistige Elastizität«, um die Frage beantworten zu können: »Wie bewältige ich immer wieder, was da auf mich zukommt?«, Zweitens »körperliche Robustheit«, um der Frage »Wie überlebe ich?« entgegentreten zu können. Drittens »Gewissheit über die eigene Identität«. Ich muss unverwechselbar sein, um eine Antwort auf die Frage zu bekommen: »Wer bin ich? Wer bin ich wirklich?« Viertens »Geborgenheit«. Ich muss die Frage beantworten können: »Wer hält mich?« Andernfalls gehen wir unter bei dem, was auf uns zukommt.

Der Ansatzpunkt aller Erfolge und Misserfolge ist aber immer Führung. Und richtige Führung gelingt mir nur, wenn der mithilft, der mich gemacht hat. Gott weiß am besten, was ich brauche. Von ihm weiß ich mich gehalten.

In Situationen, in denen wir nicht mehr weiter wissen oder den Weg nicht mehr genau sehen können, brauchen wir eine Art Vogelperspektive. Wenn die Dinge sehr komplex werden, weil wir immer mehr Übersicht brauchen, um uns noch zurechtzufinden, müssen wir immer höher hinauf. Irgendwann geht dann Vogelperspektive über in Himmelsperspektive. Erst dann kann ich mich wirklich orientieren.

Chance unserer Anpassung durch Lernen

Kehren wir wieder zur Erde zurück, von der Himmelsperspektive zur Zukunftsperspektive, ohne den Himmel gegen die Erde ausspielen zu wollen; denn wir können die Erde nicht ohne den Himmel wahrnehmen und verstehen.

Welche zukunftsbildenden Prozesse kommen auf uns zu?

Wir können zunächst einmal davon ausgehen, dass unbekannte Zukunft uns immer die Möglichkeit einer Mitgestaltung von Zukunft gibt. Die Zukunft wird uns »portionsweise« serviert, und da liegt die Chance unserer Anpassung durch Lernen.

Da auch die Zukunft einem stetigen Wandel unterliegt, hat sie den Charakter einer Flusssituation. In eine sich stetig ändernde Flusssituation kann man sich aber einfädeln und Änderungen langsam mitbestimmen. Darauf beruht z. B. Chaosmanagement.

Ich möchte die Möglichkeit dieser Zukunftsmitgestaltung einmal illustrieren. Wer sich in unserer Welt umschaut, dem fällt auf, dass überall neue »Schienenstränge« gelegt werden, auf denen man hofft, in die Zukunft fahren zu können, möglichst schneller als die anderen. Deutschland legt z. B. andere Schienenstränge als England. Die Vereinigten Staaten legen andere Schienenstränge als Europa. Daimler-Chrysler legt andere Schienen als General Motors, Hoechst andere als Bayer. Die Unternehmer legen andere Schienen als die Gewerkschaften, die Kirchen andere als die Sekten.

Der hier stattfindende Zukunftswettbewerb, d. h. die sorgfältige Entscheidung, auf welche Züge wir aufspringen sollten und auf welche nicht, wird die wichtigste und herausragendste Aufgabe von Führung in der Zukunft sein.

Schmerzhafte Abschiede vor der Zukunftsreise

Wenn wir in den Zug der Zukunft einsteigen, müssen wir uns wohl oder übel auf dem bisherigen Heimatbahnhof und seiner vertrauten Umgebung verabschieden, bevor der eingefahrene Zug gleich weiterfährt. Was werden wir zurücklassen?

Wir leben in einer Zeit langer schmerzhafter Abschiede. Wir verabschieden uns derzeit von einigen wichtigen Kulturbausteinen, die für uns einen hohen Wert haben. Lieb gewordene Gewohnheiten, die uns aber auch Sicherheit und Geborgenheit vermitteln. Ich frage mich manchmal, ob uns diese unsere eigenen Geborgenheiten vielleicht deshalb abhanden kommen, weil Gott uns seine Geborgenheit anbieten möchte.

Zunächst müssen wir uns vom so genannten *sicheren Arbeitsplatz* verabschieden. Dieses gesellschaftliche Kunstprodukt entstand Anfang letzten Jahrhunderts als Konsequenz der Industrialisierung. Das Ende dieses 200 Jahre alten Privilegs muss keine Katastrophe sein. Ebenfalls gibt es im 21. Jahrhundert wegen der hohen Änderungsdynamik keine *vorausplanbare Karriere* mehr: vorhersehbare, sichere Berufswege verschwinden mehr und mehr.

Möglicherweise verabschieden wir uns auch vom so genannten *»Mittelstand«*, der ohnehin nur etwa 100 Jahre gedauert hat. Unsere Unfähigkeit, mit Arbeit und Arbeitslosigkeit umzugehen, wird möglicherweise nur noch Arme und Reiche zurücklassen.

Eventuell verabschieden wir uns auch von einer menschlichen Lebensphase, die wir *»Kindheit«* nennen. Leider wurde sie nicht einmal 150 Jahre alt. Die Schonzeit vor dem Erwachsenwerden schrumpft schnell zusammen. Dafür sorgen Ehescheidungen, Massenmedien und die Ökonomisierung des gesamten Lebens. Es gibt immer mehr frühkindliche Erwachsene.

Möglicherweise werden wir uns auch verabschieden von der Staatsform der *Demokratie*, die auch nicht einmal 200 Jahre gedauert hat. Einerseits lassen gravierende Änderungen in der globalen Machtausübung zunehmend weniger Raum für nationale freie Mehrheitsentscheidungen, und andererseits scheint gerade der Missbrauch der Demokratie zu ihrem Ende zu führen. Unsere moralische Widerstandskraft, die man in einer Demokratie braucht, erlahmt mehr und mehr.

Global bewegtes Geld als Spekulationsmasse

Nachdem wir dabei sind, uns von traditionellen Werten, die uns viel bedeutet haben, mehr und mehr zu verabschieden, müssen wir uns im Zug der Zukunft auf den Umgang mit neuen Gegebenheiten einstellen. Wie wird sich in Zukunft unser Umgang mit Geld gestalten?

Hier fährt ein Zug, der irgendwann einmal entgleisen muss. Der Antriebsmotor dieses Zuges heißt Gier. Dieser Zug ist wohl nicht mehr zu stoppen. Bitte springen Sie auf diesen Zug nicht auf oder steigen Sie aus. Seit geraumer Zeit wird in unserer Welt mehr Geld mit Geld verdient als mit Arbeit. Über 90 Prozent alles derzeit global bewegten Geldes hat keine wirtschaftliche Basis mehr, sondern ist nur noch Spekulationsmasse. Der Börsenwert aller Aktiengesellschaften weltweit ist derzeit geschätzt 9,5mal so hoch wie der Realwert dieser Unternehmen. Und dieses Auseinanderdriften von virtuellem und wirklichem Wert der Wirtschaft werden wir irgendwann einmal nicht mehr handhaben können. Was wir mit dem kühlen Begriff »shareholder value« beschreiben, müsste eigentlich »shareholder cash« heißen.

Das breitflächige Feuern von Mitarbeitern geschieht oft, um den virtuellen Unternehmenswert auf der Börse zu erhöhen, den man mit Hilfe von Stock-Options zu privatem Bargeld der Manager macht. Das wird uns nicht »fit für die Zukunft« machen.

Es gibt einige falsche Lebenseinstellungen, die Lernprozesse behindern und deshalb dumm machen. Diese falschen Sichtweisen haben alle miteinander gemeinsam, dass sie den Horizont des Betreffenden auf sein eigenes Ego reduzieren und deshalb große Teile der Wirklichkeit ausblenden. Dazu gehört auch Gier. Gier macht dumm. Angst macht dumm. Hektik macht dumm. Und was insbesondere für Männer gilt, für »bedeutsame Männer«: Eitelkeit macht dumm. Ein sehr erfolgreicher Manager sagte mir vor kurzem: »Einer der sichersten Wege, für mich gefährliche Kollegen auszuschalten, ist der, dass ich ihnen oft Komplimente mache. Nach einiger Zeit werden sie dann so dumm, dass sie mir das sogar glauben.«

Globaler Bildungswettbewerb

Um herauszufinden, welchen Zug in die Zukunft wir benutzen können, brauchen wir bessere Informationen und vor allem mehr Bildung und Ausbildung.

Wir müssen davon ausgehen, dass Bildung der wichtigste Rohstoff in diesem Jahrhundert sein wird. Unsere derzeitigen Bildungssysteme bereiten allerdings nicht auf Zukunft vor. Schule kann oder will bis jetzt nicht verstehen, was in der Welt der Berufe wirklich benötigt wird. Schule ist immer noch im Geschäft der reinen Vermittlung von Wissen, das traditionell vermittelbar und speicherbar ist. Schule bereitet nach wie vor immer noch auf employment vor, d. h. auf Anstellung in einem Beruf, in dem man dann sein Schulwissen »verwerten« kann.

Ziel aller Schulreformen muss aber sein, dass junge Menschen vorbereitet werden auf employability, d. h. auf die Bereitschaft und Fähigkeit, in einer Welt sich stets ändernder Berufe auf fahrende Züge aufzuspringen.

Es hat bereits seit geraumer Zeit ein globaler Leistungswettbewerb begonnen. In einer internationalen Bildungsstudie 1992 wurde z.B. festgestellt, dass etwa fünfzig Prozent aller Amerikaner keine Chance hätten, in einer japanischen Honda-Fabrik eingestellt zu werden. Wieviel Deutsche würden dort wohl angestellt werden?

Unsere Lebensarbeitszeit ist halbiert

Die ersten beiden Züge »Umgang mit Geld und Bildung« fuhren in die falsche Richtung. Das dritte große Zukunftsthema heißt »Arbeit«. Was haben wir da zu erwarten?

Wir sind dabei, unsere Gesellschaft in zwei große Blöcke zu spalten. Der eine Block heißt »Arbeit ohne Leben« und der andere »Leben ohne Arbeit«. Beide Blöcke haben keine Vision, und es wird schwierig sein, ihnen eine Vision zu geben. Hier wird ein Dominoeffekt sichtbar. Weil die ersten beiden Züge »Geld« und »Bildung« in die falsche Richtung fuhren, gilt dies auch für den dritten Zug »Arbeit«.

Als ich 1961 in den Beruf eintrat, konnte ich eine Lebensarbeitszeit von etwa 100.000 Stunden erwarten. Meine Söhne können nur noch eine Lebensarbeitszeit von ca. 50.000 Stunden erwarten. Wir haben in nur einer Generation unsere Lebensarbeitszeit halbiert. Die Gründe dafür sind längere Ausbildung, mehr Urlaub und Feiertage, keine lebenslangen Anstellungen mehr, frühere Pensionierung und dazu noch in

Deutschland die welthöchsten Arbeitskosten. Auch auf diesen Zug müssen wir aufspringen, um ihn in die richtige Richtung zu leiten.

Gott bringt seine Schöpfung ans Ziel

Sie haben uns exemplarisch die Kursrichtung einiger Züge, die in die Zukunft fahren, aufgezeigt, und die Bilanz ist beängstigend, wenn die Fahrtrichtung beibehalten wird.

Lassen Sie mich abschließend fragen, ob es denn einen Zug gibt, in den man bedenkenlos einsteigen kann und der mir kreative Zukunftsperspektiven eröffnet?

Es gibt einen Zug, der durch unsre Welt fährt und Vorfahrt vor allen andern Zügen hat. Dieser Zug hält nie. Er fährt auch weiter als alle andern Züge. Er fährt manchmal langsam, so dass man aufspringen kann. Fahrt und Richtung dieses Zuges werden durch die ganze Bibel hindurch beschrieben. Dieser Zug ist der souveräne, unbeirrbare Führungs- und Gestaltungsprozess Gottes, mit dem er seine Schöpfung auf seinem Weg an sein Ziel führt.

Diesen gewaltigen universalen Prozess einer für alle Zeit und Ewigkeit proklamierten absoluten Herrschaft des Schöpfers über alles Geschaffene benennt die Bibel mit dem Begriff »Reich Gottes«. »Reich Gottes« ist die Chiffre für Gottes Souveränität und damit auch für äußerste Realität.

Für diesen Zug ist unsere Zukunft nur eine Durchgangsstation. Wer in diesem Zug sitzt, ist nicht nur fit für die Zukunft, sondern auch für die Ewigkeit. Und das ist ultimative Zukunft. Dieser Zug will alle mitnehmen. Und er fährt in die richtige Richtung und kommt am richtigen Ziel an.

Fit für die Zukunft — fit für die Ewigkeit

Gibt es bestimmte Voraussetzungen, um mit diesem Zug mitfahren zu dürfen?

Jesus hat die »Fahrtberechtigung« im Neuen Testament aufgelistet und an folgende Bedingungen geknüpft:

1. Ich muss mein altes Leben abgeben und neu geboren werden:
   die Grundbedingung für das Einsteigen (Johannes 3)
2. Ich muss meine Prioritäten klar sortiert haben. Das Reich Gottes muss bei mir an erster Stelle stehen. Alles andere kommt dann fast automatisch hinterher (Matthäus 6)
3. Ich muss das Reich Gottes wirklich wollen und mich deutlich danach ausstrecken und nicht zurückschauen (Lukas 9)
4. Ich muss alles Wichtige von Gott erwarten und nicht mehr meiner eigenen Klugheit vertrauen. Ich muss dem Lokomotivführer wirklich die Lenkung überlassen (Matthäus 5)
5. Ich muss mich der Liebe Gottes öffnen wie ein Kind: einfältig, wahrhaftig und vertrauensvoll (Markus 10)

Sehnsucht nach dem Reich Gottes

Ich könnte mir vorstellen, dass Menschen, die noch nicht in diesen Zug namens »Reich Gottes« eingestiegen sind, gewisse Vorbehalte haben. Sie wissen nicht so recht, was sich nun praktisch in ihrem Leben verändern wird. Die Sehnsucht nach einem neuen Leben ist gewiss in jedem Menschen vorhanden. Aber wie könnte sie gestillt werden? Was erleben Passagiere, die mit diesem Zug bereits unterwegs sind?

Wer in diesem Zug sitzt, der »Reich Gottes« heißt, dem können zwei wunderbare Dinge passieren. Paulus schreibt im Römerbrief, dass die ganze Schöpfung sehnsüchtig darauf wartet, dass Gott sein Reich vollendet. Glauben Sie mir: Viele Menschen, die den Begriff »Reich Gottes« nie gehört haben, verspüren eine tiefe Sehnsucht nach einer neuen Welt und nach einer guten Zukunft und einer klaren Führung. Die Sehnsucht entzündet sich bei den meisten an den Defiziten und Ungerechtigkeiten unserer derzeitigen Herrschaftssysteme, an dem immer sichtbarer werdenden Versagen unserer Führungsstrukturen. Dieser Sehnsucht möchte Jesus begegnen.

Wenn wir anderen Menschen von der umgestaltenden Kraft durch Jesus Christus erzählen, dann gibt es da oft ein großes Problem. Sie können es sich nicht vorstellen, dass es so etwas gibt wie wirklichen Frieden des Herzens, wie Vergebung, wie Kraftzufuhr. Deshalb müssen diejenigen, die Bürger in seinem Reich geworden sind und Gott erlebt haben, die Sehkraft derer stärken, die diese Vision der Hoffnung noch nicht schaffen.

Gott ist ein souveräner Herrscher. In der Geschichte dieser Welt zeigten souveräne Herrscher nie großes Interesse, mit ihren Untertanen zu kommunizieren. Jesus hat gesagt, dass wir den souveränen Herrscher des Himmels und der Erde mit »Vater« anreden dürfen. Er will uns sogar adoptieren und mit uns umgehen wie mit seinen eigenen Kindern. Verstehen Sie das? Ich nicht.

Aber für mich ist das schon allein Grund genug, auf diesen fahrenden Zug aufzuspringen. Ich werde dort ankommen, wo ich um alles in der Welt ankommen will: an dem Ort ewiger Geborgenheit. Das kann man doch nicht ausschlagen.

Führungsstil nach biblischem Vorbild

Führung ist ein Lebensstil

Sie haben vorhin über den göttlichen Führungs- und Gestaltungsanspruch sowie über die Führungsqualität Jesu gesprochen. Wenn wir nun in die Zukunft unseres globalen Wirtschaftszeitalters schauen, brauchen wir geeignete Führungspersönlichkeiten.

Zunächst möchte ich Sie fragen, was Sie in diesem Sinne unter Führung verstehen.

Führung war zu allen Zeiten ein interessantes, herausforderndes, mühsames und wichtiges Geschäft. In einer Zeit vieler, schneller Änderungen kann Führung jedoch zur ultimativen Zerreißprobe werden oder sie verkommt zur Verwaltung des Status quo. Das ist dann aber keine Führung mehr. Führung hat viele Facetten und darf nicht verwechselt werden mit Management. Führung schließt in der Regel Management ein, ist aber mehr als Management. Ganz plakativ formuliert: Führung beschäftigt sich mit den Zielen von morgen. Management löst die Probleme von heute.

Gerade im Hinblick auf die Zukunft ist Führung keine sichere Erwerbsquelle, kein Weg, schnell reich zu werden. Führung ist auch kein Abarbeiten von Lehrbuchinhalten. Führung ist ein Lebensstil, der gleichzeitig beglückend und belastend, faszinierend und riskant ist. Eine Führungspersönlichkeit muss ständig bereit und fähig sein, die eigenen Fähigkeiten laufend zu verbessern und anderen Menschen liebende Zuneigung entgegenzubringen sowie ihnen zu helfen, ihr eigenes Potenzial zu erreichen.

Wer führen will, muss willens sein, die Dimension von Qualität auf alle Bereiche des Lebens und Arbeitens zu übertragen. Vor allem setzt Führung voraus, sich dessen bewusst zu sein, nur dann Vorbild und Autorität für andere sein zu können, wenn das eigene Leben unter der Führung einer höchsten Autorität steht.

Anforderungsprofil für eine Führungskraft

Die Aufgabe einer zukunftsorientierten Führungskraft besteht also darin, die Richtung seines Unternehmens zu bestimmen, Ziele zu vereinbaren, Strategien zu entwerfen, Sinn zu vermitteln und Gestaltungsräume zu schaffen. Was gehört sonst noch zu einem solchen Anforderungsprofil?

Wir sind dabei, neue Anforderungsprofile für Führungskräfte zu schreiben. Es scheint mehr und mehr festzustehen, dass bleibender Unternehmenserfolg sich zunehmend entzündet an zwei neuen Qualifikationsmerkmalen: einmal am Willen und der Fähigkeit zu verändern und zum andern am Willen und der Fähigkeit, andere zu begeistern. Wer weder begeistern noch verändern kann, sollte sich um wichtige Führungsaufgaben nicht kümmern. Änderungen sind heute schicksalhaft: Entweder ich betreibe sie oder ich erleide sie. Eine dritte Alternative gibt es nicht.

Der Gründer und Leiter des World Economic Forums, Professor Schwab, hat folgendes Anforderungsprofil für Führungskräfte aufgestellt:

1. Wir müssen immer in Bewegung sein und dennoch freie Zeit haben, um über wichtige Innovationen zu reflektieren. Auch wenn unsere Arbeit uns unter enormen Druck setzt und uns viele persönliche Opfer abverlangt, müssen wir uns dennoch nach innerer Harmonie ausstrecken, um ausgeglichene Persönlichkeiten zu bleiben.
2. Wir müssen unsere Zeit auf effiziente Weise nutzen und dennoch menschlich für andere erreichbar bleiben.
3. Wir müssen andere motivieren, indem wir ihnen Vertrauen und Optimismus vermitteln, und uns dennoch den Sinn für Selbstkritik erhalten.
4. Wir müssen dem Erfolg nachjagen und dennoch bescheiden bleiben.

Wie kann man das schaffen?

Ich werde diese hohe Latte nur erreichen, wenn ich die Hilfe dessen in Anspruch nehme, der mich geschaffen hat.

Persönlichkeitsmerkmale guter Führung

Neben den bereits erwähnten Verhaltensweisen muss eine Führungspersönlichkeit Charaktereigenschaften mitbringen, die Führungsqualitäten begünstigen. Welche Merkmale zeichnen eine solche Persönlichkeit aus?

Erstaunlicherweise sind Intelligenz und Fachwissen nur zu 20 bis 30 Prozent am Führungserfolg beteiligt. Der Rest sind Fähigkeiten, die der Persönlichkeit zuzuordnen sind.

Im Wesentlichen sind es fünf Persönlichkeitsmerkmale, die gute Führung ausmachen:

1. Fähigkeit zu einer richtungsweisenden Vision: Ich muss wissen, warum ich wohin will.
2. Leidenschaft: Ich muss lieben, was ich tue. Nur dann werde ich Menschen zur Mitarbeit anstecken.
3. Persönliche Integrität: Ich muss ehrlich selbst einschätzen, was ich kann und was ich nicht kann. Mein Reden, Handeln und Denken müssen übereinstimmen.
4. Vertrauenswürdigkeit
5. Neugier und Mut. Ich muss bereit sein, immer wieder aus Fehlern zu lernen.

Wissenskompetenz und Persönlichkeitsformung

Eine Führungspersönlichkeit fällt nicht vom Himmel. Es gibt sicherlich viele Faktoren, die zusammenkommen müssen. Wie sieht z. B. das Verhältnis von Sachkompetenz und Persönlichkeitsbildung aus?

Wie schon gesagt:

Führung besteht aus zwei Komponenten: Aus Wissenskompetenz und Persönlichkeit. Ungefähr ein Drittel Kompetenz und zwei Drittel Persönlichkeit. Kompetenz lernt man in der Schule, Persönlichkeit wird in der Familie gebildet.

Gehen Sie mal davon aus, dass mit etwa sieben Jahren der Prozess der Persönlichkeitsformung eines Menschen so gut wie abgeschlossen ist. Ob man später einmal eine gute Führungskraft wird, ist in der Mehrzahl aller Fälle dann schon entschieden, wenn man ins erste Schuljahr geht.

Wichtige Bausteine für Zukunftsfitness werden also bereits in den ersten Lebensjahren eingesetzt. Charaktereigenschaften und Wesenszüge wie z. B. Teamfähigkeit, Integrität, Selbstdisziplin, soziale Kompetenz, gutes Selbstbewusstsein, Hilfsbereitschaft, Wahrhaftigkeit und Vertrauenswürdigkeit lernt man als Kind zu Hause. Später ist eigentlich niemand mehr daran interessiert, uns das beizubringen. Solches Verhalten wird im Elternhaus erlebt und trainiert und ist im späteren Leben bei Null anfangend nicht mehr vermittelbar, auch nicht in teuren Führungsseminaren.

Wenn die Eltern eines Kindes Christen und noch beide zu Hause vorhanden sind, dann kann das Kind in jungen Jahren an seinen Eltern modellhaft lernen, was es später in einem anspruchsvollen Beruf können und anwenden muss. Um richtige, »zukunftsrichtige« Führungspersönlichkeiten zu entwickeln, müssen wir also möglichst viele intakte Elternhäuser haben.

Gott kann Persönlichkeit umformen

Wenn die Persönlichkeitsformung quasi mit sieben Jahren abgeschlossen ist, hat ein Mensch, der aus einem kaputten Elternhaus kommt, aus psychologischer und pädagogischer Sicht kaum noch eine Chance zu einer positiven Persönlichkeitsentfaltung.

Die Frage ist berechtigt, was mit denjenigen Menschen passiert, die nicht das Glück hatten, eine lebenstaugliche Persönlichkeit mit auf den Weg zu bekommen. Was machen Sie mit einem Manager, der viel weiß und unglaublich intelligent ist, ein hochkarätiger Profi, der aber charakterschwach ist und nicht mit Menschen umgehen kann, d. h. der Führung nicht beherrscht?

Es gibt nur einen, der darauf eine Antwort hat und einen praktischen, wirklichkeitserprobten Weg anbietet, den viele Menschen erfolgreich gegangen sind. Es gibt de facto einen Weg, auch bei einem erwachsenen Menschen Persönlichkeit zu ändern. Gott lässt Paulus im zweiten Brief an die Korinther eine bemerkenswerte Aussage machen: »*Ist jemand mit Christus verbunden, dann ist er ein neues Geschöpf. Das Alte ist vergangen; er ist zu einer neuen Persönlichkeit geworden*« (2. Kor. 5,17).

Das globale Rettungsprojekt der Liebe Gottes

»Management by love« heißt ein neuer Trend im modernen Erfolgsmanagement. Auch der säkulare Mensch spürt, dass Liebe im Spiel sein muss, wenn das Zusammenleben auch im Geschäftsleben gelingen soll. Das Herzstück des biblischen Glaubens ist das Gebot der Liebe, der Gottesliebe, Nächstenliebe und Selbstliebe. Christen sind Menschen, die sich von Gott geliebt wissen, sich deshalb auch selbst lieben können und diese Liebe auch weitergeben wollen an andere Menschen. Sie haben mal in einem Vortrag gesagt: »Menschen mit einer von Gott erneuerten Persönlichkeit haben eine deutlich bessere Ausgangsposition, anspruchsvolle Führungspositionen einzunehmen.« Worin besteht ihr Heimvorteil?

Gott hat seit jeher einen guten intelligenten, ganzheitlichen Plan für seine Menschen. Der durchgängige Plan heißt Liebe. Er hat uns Liebe modellhaft vorgezeigt und sich das viel kosten lassen. Um die Schuld unserer bewussten Gottesferne abzuzahlen, hat er jemand anders dafür zahlen lassen: Jesus. Dieses gigantische globale Rettungsprojekt geht weit über unser Verständnis hinaus. Aber diejenigen, die es für sich persönlich akzeptieren, lernen einen Gott kennen, der ihnen eine neue Führungsqualität schenkt: Nächstenliebe. Und Nächstenliebe ist immer noch die wichtigste Führungsqualifikation. Wer Menschen nicht lieben kann, kann sie auch nicht führen. Er wird sie schlussendlich manipulieren und kommandieren. Wer

Menschen führen will, muss sich zum Ziel setzen, die ihm anvertrauten Menschen aufzuwerten und ihre Fähigkeiten zur Entfaltung zu bringen. Aber diese Fähigkeit zur selbstlosen Liebe kann man nicht aus sich selbst machen, sondern nur mit Gottes Hilfe.

Loblied auf die Liebe, die wichtigste Führungsqualität

Kennzeichen der göttlichen Liebe ist ihre Uneigennützigkeit. Der Unterschied zwischen den nichtchristlichen Weltreligionen und dem christlichen Glauben besteht darin, dass im Hinduismus, Buddhismus und Islam der Schwerpunkt auf dem moralischen Appell liegt: »Mensch, sei gut«, d. h. durch deine frommen Leistungen erwirbst du dir die Gunst deines Gottes. In der Christusbotschaft heißt es: »Mensch, ich bin dir gut«, d. h. der Mensch braucht keine Vorleistungen zu bringen, sondern wird von Jesus so angenommen mit seinen Schwächen und Sünden wie er ist. Deshalb lädt Jesus den Menschen ein mit den Worten: »Kommt her zu mir, dir ihr mühselig und belastet seid, ich will euch erquicken.«

Gott macht mich stark, indem er meine Schwächen auf sich nimmt. Wie könnte sich diese Frohe Botschaft im Geschäftsleben auswirken?

Der immer noch bekannteste Managementberater der Welt, Peter Drucker, schreibt in einem seiner Bücher: *»Man sollte nie jemandem eine Führungsposition übertragen, der sich mehr auf die Schwächen seiner Mitarbeiter konzentriert als auf deren Stärken.«*

Den Kammerton A aller guten Menschenführung finden Sie bei Paulus im 13. Kapitel des 1. Korintherbriefs. Ich habe diesen

Text mal etwas modernisiert in eine Art von »Business-Deutsch« übertragen, mit dem Manager etwas anfangen können:

»Wenn ich alle Sprachen sprechen könnte
und ein guter Kommunikator wäre ...
wenn ich aber Menschen nicht lieben könnte,
dann würde ich letztlich doch nur Geräusch erzeugen,
und ich würde andere nicht erreichen.

Wer Menschen lieben kann, hat Geduld mit ihnen,
er behandelt sie auch fair,
er stellt nicht immer wieder seine eigenen Vorzüge heraus,
er redet nicht zu andern herunter,
er spricht mit *ihnen, nicht* zu *ihnen.*

Wer Menschen liebt, kann deren Gefühle verstehen,
er sucht nicht immer wieder seinen eigenen Vorteil,
er kann sein Ego kontrollieren
und lässt seinen Ärger nicht an andern aus.

Wer Menschen liebt, ist nicht nachtragend,
er hält anderen nicht immer wieder ihre Fehler vor.
Er freut sich nicht insgeheim, wenn andere ausrutschen,
sondern er freut sich, wenn dem andern Gutes gelingt.

Wer Menschen liebt, wird sie nicht aufgeben.
Er vertraut ihnen – und traut ihnen etwas zu.
Er gibt ihnen Hoffnung und Ermutigung.«

Wertschätzung von Mitarbeitern zahlt sich aus

Wie kommt dieser neutestamentliche Text aus dem 1. Korintherbrief bei Ihren Zuhörern an, und wie kann ich testen, ob die Betriebsatmosphäre etwas von diesem Geist der Liebe ausstrahlt?

Wenn ich in Managementseminaren oder Vorträgen diesen Paulus-Text verwende, kommen jedesmal einige Zuhörer anschließend zu mir und wollen Kopien davon haben. Ich glaube, ich kenne auch den Grund für deren Interesse: Schulen und Hochschulen bilden keine Führungskräfte aus, nur Manager. Charakter- und Persönlichkeitsformung haben weder in der akademischen Führungsausbildung noch in der Welt der Führungsetagen einen bedeutenden Platz. Und dieses Vakuum empfinden Menschen und sagen: »Was Sie mir da durch den Bibeltext bewusst gemacht haben, entspricht meiner Wunschvorstellung. So möchte ich eigentlich auch sein und so möchte ich auch mit anderen umgehen können.«

Gott hat seinen Geschöpfen eine Art Sehnsucht nach Liebe ins Herz hineingelegt. Jeder möchte gerne geliebt und geachtet werden. Darauf geht Paulus in diesem Loblied auf die Liebe ein. Liebende Wertschätzung von Menschen ist der Klebstoff, der eine Organisation (produktiv) zusammenhält. Außerdem leisten wertgeschätzte Mitarbeiter in entscheidenden Augenblicken freiwillig mehr als die anderen.

Wenn Sie sich mal informieren wollen, ob ein Unternehmen gut geführt wird, dann versuchen Sie herauszufinden, ob die Mitarbeiter dieses Unternehmens fünf wichtige Fragen beantworten können:

1) Warum bin ich hier? (Sinnfrage)
2) Was soll ich erreichen? (Ziele, die ich erreichen muss)
3) Wie gut arbeite ich? (Bekomme ich Feedback?)
4) Was kann ich erwarten? (Gehalt, soziale Sicherheit)

5) Wer unterstützt mich, wenn es mal drunter und drüber geht? (persönliche Geborgenheit)

In guten Unternehmen können Mitarbeiter diese Fragen beantworten.

Führer müssen sich selbst führen können

In der Bergpredigt Jesu steht die so genannte Goldene Regel: »Behandelt den andern genauso wie ihr selbst behandelt werden wollt.« Mit anderen Worten: Versetzt euch in die Lage des andern, dann werdet ihr mit ihm fairer und freundlicher umgehen.

Einer, der andere Menschen führt, braucht u. a. Einfühlungsvermögen, Menschenkenntnis und Zielstrebigkeit. Was ist nach Ihrer Erfahrung die wichtigste Voraussetzung für gute Führung?

Gute Führung lernen ist wie das richtige Zuknöpfen einer Weste. Wer den ersten Knopf falsch erwischt, hat am Ende eine schiefe Weste. Was ist nun der erste Knopf guter Führungspraxis? *»Nur wenige Führungskräfte sehen ein, dass sie letzlich nur eine einzige Person führen können und auch müssen und diese Person sind sie selbst«* (Peter Drucker), d. h. wer sich selbst nicht führen kann, kann auch andere nicht führen.

Die Erfahrung zeigt, dass mir zunächst die Führung meines eigenen Lebens gelingen muss. Und Mitarbeiter achten darauf, ob mir das gelingt.

Alles beginnt damit, dass ich für mich selbst suche und bestimme, was für mich wertvoll ist. Am Anfang stehen immer meine *Werte.* Wo meine Werte sind, da beginnt alles. Hier setzt mein Lernprozess ein: Was für mich erstrebenswert ist, das ist auch für mich sinnvoll. Darauf baue ich dann meine Entwürfe zur Verwirklichung dieser Werte auf, die ich *Visionen* nenne.

Erst jetzt kann ich praktische Schritte unternehmen. Ich stelle mir Wegmarken auf zum Erreichen dieser Werte in Richtung Vision: meine *Ziele.* Jetzt beginnt Orientierung, Wenn meine Ziele feststehen, suche ich Wege zum Erreichen meiner Ziele, die ich *Strategien* nenne. Und schlussendlich beschaffe ich mir Mittel *(Ressourcen)*, um auf meinen Wegen die gesteckten Ziele zu erreichen. Die gesamte Begleitung dieses Prozesses nenne ich Führung.

Mein Wertebewusstsein bestimmt die Kraft meiner Visionen

Welche Konsequenzen ergeben sich aus diesem von Ihnen aufgezeigten Prozess für die Praxis eines Unternehmens?

Das beste Dienstleistungsunternehmen in den Vereinigten Staaten heißt »Service Master Company«. Es beschäftigt 200.000 Mitarbeiter in 30 Ländern. In den vom Vorstand verfassten Unternehmensleitlinien heißt es u. a.:

> *»Wir wollen Gott bei allem, was wir tun, ehren. Wir versuchen jene Normen, Freiheiten und Einschränkungen zu erkennen und gelten zu lassen, die Gott uns gegeben hat.*
> *Als Führer erkennen wir, dass wir alle Gefangene unserer Hoffnungen sind. Unsere Hoffnung stützt uns, unsere Vision von dem, was sein könnte, und inspiriert uns und unsere Mitarbeiter, die wir führen.*
> *Bei der Umsetzung unserer Vision akzeptieren wir die Realität, dass wir nicht alle Antworten kennen.«*

Führung funktioniert nur dann richtig und gut, wenn es zur Verwirklichung der anfangs gesetzten Werte kommt. Bei diesem Prozess muss es willentlich und bewusst zu Auswahlvorgängen kommen. Als Führungskraft sind Sie Ihr eigener Redakteur. Sie bestimmen die Auswahl der Werte, Visionen, Ziele, Strategien, Ressourcen und Mitarbeiter. Das ist Chance und Risiko zugleich.

Menschenbild prägt Führungsstil

Jeder, der mit Führungsaufgaben beauftragt ist, hat ein Menschenbild, das seinen Führungsstil trägt. Für manche Führungskräfte sind Mitarbeiter wie Soldaten: Sie erteilen Befehle und erwarten, dass sie sofort losmarschieren. Kritik ist nicht eingeplant. Für andere sind Mitarbeiter prinzipiell Arbeitsunwillige, die laufend motiviert und angetrieben werden müssen; denn von allein passiert da wohl nichts. Für eine weitere Gruppe von Chefs sind Mitarbeiter wie Spielautomaten. Man steckt Geld hinein, und hin und wieder kommt mal etwas heraus. Für andere sind ihre Untergebenen grundsätzlich unzuverlässig: sie müssen ständig kontrolliert und überwacht werden, sonst funktionieren sie nicht richtig. Solche miserablen Menschenbilder haben mit guter Führung nichts zu tun. Auch hier haben christliche Führungskräfte einen Heimvorteil.

Biblisches Menschenbild als Basis für Führungsqualität

Wenn wir nun das Alternativ-Programm einschalten, liegt die Frage nahe, wie denn nun das Menschenbild der Bibel aussieht und ob es eine Basis für Führungsqualität anbietet.

Die Bibel hat mir den richtigen Zugang zum Menschen eröffnet. Der Mensch ist nach biblischem Verständnis ein Geschöpf Gottes. Darin bestehen sein Wert und seine Würde. Der geistbegabte Mensch steht seinem Schöpfer gegenüber, vor dem er sich in all seinem Tun zu verantworten hat.

Die Bibel ist für mich eine Art von Textbuch für Change Management. Der Mensch als Gottes Mandatsträger auf Erden ist nicht auf ein leichtes Leben programmiert. Gottes Forderungen an den Menschen sind echte Herausforderungen, auf Gottes Kraft zu bauen und sich existenzbedrohenden Änderungsprozessen zu stellen. Der Mensch wird sich letztlich nur dann hohen Leistungsanforderungen stellen, wenn er sich wertgeachtet und geführt weiß.

Wir gehen einer Zukunft entgegen, die viel Verzicht von uns fordern wird. Aber Verzichtparolen sind unpopulär und bleiben deshalb aus. Eine gewisse Zahl von Topmanagern kann der Versuchung zum schnellen Erfolg immer weniger widerstehen, d. h. sie werden käuflich und damit erpressbar. Sie verfügen nicht mehr über genügend moralische Substanz, um das Gute wirklich zu wollen. Manche von ihnen geraten in ein Netzwerk organisierter Kriminalität. Hier ist Führung unglaubwürdig geworden und führt bei den Kritikern nur noch zu Zynismus: »Nieten in Nadelstreifen«.

Die Bibel gibt uns immer wieder mal prägnante Aussagen über wichtige Themen, auch zum Thema Führung. König Salomo macht dazu im Alten Testament (Sprüche 3) einen sehr nachdenkenswerten Kommentar:

Ein Mensch,
der Richtiges von Falschem
unterscheiden kann,
der ein gutes Urteilsvermögen hat
und gesunden Menschenverstand,

ist besser dran als einer,
der große Reichtümer hat.

(Sprüche 3, 13)

Das Führungskonzept des Jesus von Nazareth

Sie haben die Frage, ob die Bibel ein besseres Führungskonzept anbietet, erst teilweise beantwortet, indem Sie auf die Würde des Menschen als Gegenüber Gottes und seinen Schöpfungsauftrag eingegangen sind. Als Gegenprogramm haben Sie die »Nieten in Nadelstreifen« vorgestellt. Wenn wir nun einen Blick ins Neue Testament werfen und Jesus als das Ebenbild des unsichtbaren Gottes anstrahlen, stellt sich die Frage, wie sich der Glaube an dieses Vorbild Jesu auf das Führungskonzept der Christen auswirkt.

Menschen, die das Führungskonzept Jesu in ihre Berufswelt hineinnehmen, haben einfach mehr Ressourcen als Menschen ohne Gott. Und das macht sie produktiver. Christen sind nicht unbedingt bessere Menschen, aber sie sind besser dran.

Ich will aus eigener Erfahrung sprechen:

Wenn ein Mensch Christ wird, dann ist er nicht besser als andere Menschen, aber er hat mehr Berufs- und Lebenschancen, weil ihm mehr Ressourcen zur Verfügung stehen. Das gilt auch für die Welt von Management und Führung.

Christen arbeiten ressourcenreicher:

1. Christen haben sich freiwillig an eine höchste Autorität gebunden und können (erst dadurch) personhaft akzeptabel Autorität für andere sein, sie manipulieren nicht mehr.

2. Christen ist ihre persönliche Schuld vergeben worden, sie haben dadurch zu echtem persönlichen Frieden gefunden. Sie können deshalb produktiver sein und brauchen sich nicht mehr so intensiv mit sich selbst zu beschäftigen.
3. Christen können sich persönlich als wertvoll akzeptieren und brauchen sich nicht mehr laufend vor anderen zu beweisen. Sie können Kritik annehmen, ohne zurückzuschlagen.
4. Christen wurden befähigt zu wahrer Nächstenliebe und haben erst dadurch Zugang zur wichtigsten Befähigung zur Menschenführung gefunden. Liebe gibt immer mehr Führungsenergie.
5. Christen haben keine Zukunftsangst (mehr) und damit mehr Kraft und Energie zur kreativen Gestaltung von Gegenwart und Zukunft.

Diese herausfordernden Glaubenserfahrungen sind keine Arbeitshypothesen aus Managementbüchern oder psychotherapeutischen Lebenskonzepten. Das alles funktioniert wirklich, wenn ein Mensch sich selbst und sein Leben Jesus Christus ausliefert.

In einem ausgedehnten Interview mit der Zeitschrift CAPITAL zum Thema »Manager und Religion« habe ich versucht zu erklären, dass Menschen, die ihr Leben an Christus gebunden haben, in der Regel über diese fünf wichtigsten Ressourcen verfügen. In dem dann daraufhin publizierten Artikel »Mit Gottes Hilfe« (Capital 4/2001) wurden dann zwar aus Christen »religiöse Menschen«, aber die Existenz und die Wirkungsweise dieser Ressourcen wurde schon deutlich herausgestellt. Hier sei wiederholt, was dort abgedruckt wurde:

Religiöse Menschen haben Kraftquellen, die sie zu außergewöhnlichen Führungskräften machen

Innere Unabhängigkeit. *Sie haben ihr Leben an Gott als höchste Autorität gebunden. Sie machen sich von anderen nicht abhängig und sind nicht manipulierbar.*

Selbstwert. *Sie betrachten sich als Geschöpfe Gottes. Sie trennen klar zwischen Selbstwert und dem Nutzen, den sie für ihr Unternehmen bieten. Sie brauchen sich nicht laufend vor sich selbst und anderen zu beweisen und können Kritik annehmen, ohne sofort zurückzuschlagen.*

Liebe. *Sie achten auch den unverwechselbaren Wert der anderen als Geschöpfe Gottes. Liebe als Grundhaltung gibt ihnen Führungsenergie. Wer Menschen nicht liebt, manipuliert sie – und stößt auf Widerstand.*

Ruhe. *Sie fühlen sich von Gott getragen und haben keine Angst um ihre Existenz. Das gibt ihnen Kraft für die Gestaltung von Gegenwart und Zukunft.*

Klarheit. *Sie haben christliche Werte wie Nächstenliebe, Ehrlichkeit und Glaubwürdigkeit verinnerlicht. Diese Maßstäbe wirken wie ein inneres Ordnungsprinzip und lenken das eigene Handeln und Verhalten.*

(Capital 4/2001)

Was ich der betreffenden Redakteurin offensichtlich nicht vermitteln konnte, ist der grundsätzliche Unterschied von biblischem Christentum und Religion – und dass es nur Christus ist, der einem Menschen diese Ressourcen schenkt.

Die Führungsqualität Jesu

Für einen Gott entfremdeten Menschen lassen die Eintrittsbedingungen in das »Reich Gottes« keinen Zweifel daran, wer hier das Sagen hat. Wodurch unterscheidet sich dieser göttliche Führungsanspruch im Reiche Gottes von der Machtausübung totalitärer Herrscher?

Wir müssen uns daran erinnern, dass es Jesus war, der die »Globalisierung« in Gang setzte. Sein Anspruch »Ich bin das Licht der Welt« ist bis heute der einzigartige Anspruch, den jemals jemand in diese Welt gesetzt hat. Allein damit verweist er alle anderen Führungsansprüche auf die weiteren Plätze.

Er definiert Führungsqualität in knappen Worten bei der letzten Mahlzeit mit seinen Freunden. Da sagt Jesus: *»In dieser Welt unterdrücken die Herrscher ihre Völker und Diktatoren lassen sich als Wohltäter feiern. Aber bei euch sollte das nicht so sein. Wer der Erste sein will, der soll sich zunächst einmal allen anderen unterordnen. Wer führen will, der muss erst einmal dienen lernen. Selbst ich, der Herr, bin euer aller Diener geworden, euer Modell. Ich verspreche euch, ihr werdet mit mir zusammen in einem Reich herrschen, das mein Vater mir übergeben hat.«* (Lukas 22,25 ff)

Wo immer christliche Führungskräfte über Führung nachdenken oder Führung praktizieren, da müssen diese Führungsgrundsätze Maßstab ihres Denkens und Handelns sein.

Immer mehr gefragt: Servant Leadership

Gibt es einen modernen Führungsstil, der dem biblischen Konzept von Führung nahe kommt?

Durchaus: Direkt im Anschluss an die so genannte Studentenrevolution entwickelte ein amerikanischer Topmanager ein neues Führungskonzept, das auf der Devise »Führen durch Dienen« besteht. Er hatte Hermann Hesse gelesen und war dadurch offensichtlich angeregt worden ganz neu über Führung nachzudenken. Seine wichtigsten Konzeptbausteine von »Servant Leadership« sehen wie folgt aus:

1. Menschen ernst nehmen
Menschen haben ein Recht auf Sinnfindung im Beruf. Wirtschaft hat deshalb zweierlei zu produzieren: Marktrichtige Produkte für Kunden und sinnvolle Arbeit für Mitarbeiter.

2. Zuhören
Führungskräfte sollten nicht immer nur Antworten parat haben, sondern vor allem Fragen. Antworten kommen primär von den Kunden – an die Mitarbeiter und von dort dann bottom up an die Führung. Darüber hinaus heißt Führung Konsensbildung, denn nur so können alle in einen Prozess eingebunden werden, in dem Zuhörer Qualität produzieren.

3. Heilen
In einer Zeit der Vertrauensdefizite und der demolierten Beziehungen sollten Führungskräfte unbedingt Offenheit (bis hin zur Verletzbarkeit!) praktizieren. Oft müssen zunächst Ängste, Aggressionen und innere Verletzungen abgebaut werden, bevor man an den Aufbau einer auf Vertrauen basierenden neuen Struktur gehen kann.

4. Heruntersteigen
Die unpersönliche Demonstration von Macht und Stärke großer Unternehmen ist zunehmend deutlicher kontraproduktiv und führt zu Angst und Aggressivität in der ideologiebefrachteten Gesellschaft. Wir müssen das in der Vergangenheit zu sehr hochstilisierte Management by Machertum entglorifizieren und zu bescheideneren Führungspraktiken zurückfinden.

An Größe-und-Stärke-Demonstration entzündet sich keine Hoffnung mehr.

5. Haushalterschaft praktizieren
Zunehmend knappe Ressourcen und zunehmend mehr eingeforderte Verantwortungsübernahme machen Führungskräfte quasi automatisch zunehmend mehr zu guten Haushaltern. Auch wer Verantwortung für die wichtigste Unternehmensressource (gute, motivierte Mitarbeiter) übernimmt, muss gutes Ressourcenmanagement betreiben: Hier begegnen einander sich Servant Leadership und visionäre Führung in der langfristigen Denkweise.

Der visionäre Führungstyp

Wenn der Glaube an Christus und seine Vorbildwirkung das Leben eines Christen bestimmt, dann eignet er sich wohl auch einen visionären Führungsstil an. Worin bestand der visionäre Führungsstil von Jesus?

Wenn ich über die eigentliche Bedeutung von Vision nachdenke, dann fällt mir dazu ein Wort von Martin Buber ein, das er 1934 in Deutschland prägte, d. h. noch bevor dort alles drunter und drüber ging:

> *»Ich habe erkannt, dass die Augen –*
> *so wichtig sie auch sind –*
> *nicht das Wichtigste am Menschen sind.*
> *Das Wichtigste ist,*
> *um was es den Augen zu tun ist,*
> *wenn sie schauen.*
> *Das aber bestimmen nicht die Augen.«*

Das ist wohl die beste Beschreibung für die visionäre Führung von Jesus. Ich bewundere immer wieder die Selbstdisziplin seiner geistigen Einfalt. Seine Vision stand ihm stets vor Augen: Als Sohn Gottes, der auf seinen Vater schaute inmitten von Anforderungen, Verdächtigungen, Versuchungen und Beschimpfungen. Wegen seiner heiligen Einfalt wusste er genau, was gerade zu tun war. Nur deshalb konnte er in so kurzer Zeit soviel erreichen. Deshalb bleibt er auch für alle Zeiten das Vorbild für gute Führung, weil er nie die Perspektive aus den Augen verlor.

Neuer Führungstyp aus hartem Geist und weichem Herzen

Ein außergewöhnliches Vorbild für visionäre Führung stellen für Sie die Geschwister Scholl dar. Als Widerstandskämpfer gegen die NS-Diktatur wurden sie 1943 hingerichtet. Unmittelbar vor der Hinrichtung verabschiedete sich Sophie Scholl (24) von ihrem Bruder Hans (27) mit den Worten: »In wenigen Minuten sehen wir uns in der Ewigkeit wieder.« Die Kulturhistorikerin Barbara Leisner hat eine Charakter- und Entwicklungsstudie im Münchener List-Verlag vorgelegt mit folgendem Titel, einem Zitat von Sophie Scholl: »Ich würde es genauso wieder machen.«

Was verstehen Sie im Zusammenhang mit der Lebensgeschichte der Geschwister Scholl unter dem neuen Führungstyp der Zukunft?

Unsere gesellschaftliche Zukunft wird sich an der Führungsqualität entscheiden. Der neue Führungstyp ist sicherlich nicht nur der harte Macher, aber auch nicht der sanfte New-Age-Humanist.

Was bereits heute sichtbar und morgen notwendig sein wird, ist ein neuer Typ von Führungspersönlichkeit, der vor knapp 60 Jahren von jenem jungen Geschwisterpaar bemerkenswert visionär formuliert wurde. Einige ihrer Notizen wurden später veröffentlicht unter dem Titel »Die weiße Rose«. Da schreiben sie: *»Was unsere Welt dringend braucht, ist ein neuer Mensch, der zwei wesenhafte Fähigkeiten mit sich bringt, nämlich eine Kombination von einem harten Geist und einem weichen Herzen.«*

Leichter zu kombinieren wäre ein weicher Geist und ein hartes Herz. Davon haben wir leider genug. Wenn Sie sich aber auf die ehrliche Suche machen nach der Wirklichkeit dieses neuen Menschentyps, der es schafft, einen harten Geist und ein weiches Herz miteinander zu kombinieren, dann landen Sie irgendwann automatisch bei der Modellfigur dieses neuen Führungstyps: Bei Jesus von Nazareth. In allen Wahrheitsfragen antwortete sein harter Geist, aber Menschen begegnete er mit weichem Herzen. Jesus war nicht tolerant – er war mehr als das: Er war barmherzig. Menschen, die sich ihm auf Rufweite genähert haben, schaffen es, auch ein bisschen so zu werden wie er.

Als ich Christen kennen lernte, die diese Kombination von hartem Geist und weichem Herzen praktizierten, war ich so fasziniert von ihnen, dass ich solange mit ihnen umging, bis ich selber einer wurde.

Ausbildung von menschlichen Metaqualifikationen

Bleiben wir noch einen Augenblick beim zukünftigen Führungstyp, diesmal aus einer anderen Perspektive. Sie haben immer wieder einmal herausgestellt, dass in Zukunft jegliche Art von Führungsarbeit, die mittels Informationstechnik abbildbar ist, durch Experten-

systeme ersetzt wird. Zukünftiger Führungserfolg würde deshalb mehr und mehr auf der Ausbildung von menschlichen »Metaqualifikationen« basieren. Was versteht man darunter?

Es gibt Qualifikationen, die uns kein Computer wegnehmen kann. Darunter versteht man unter anderem:

- Soziale Kompetenz (vereinfacht: Nächstenliebe)
- Mitmenschlichkeit, Solidarität
- Bewusstsein der Verantwortung
- Psychologische Partnererkennung
- Affektives Verhalten
- Strukturverständnis
- Integrität, Fairness
- Kreativität jenseits von Routine
- Schnelle Orientierung in komplexer Umwelt
- Konfliktbereitschaft
- Begeisterungsfähigkeit.

Das sind einige der wichtigsten und notwendigsten Kriterien, um Führung auszuüben. Aber all diese »Metaqualifikationen« lassen sich gar nicht so leicht erlernen. Auch ich habe lange daran herumgekaut und die Erfahrung gemacht, dass ich mir diese Fähigkeiten und Einstellungen nur mit Gottes Hilfe aneignen kann. Es ist eigentlich sehr bedauerlich, dass wir in der Regel grundsätzlich wichtige Dinge immer erst dann lernen, wenn wir wirklich mit dem Rücken zur Wand stehen. Unter normalen Bedingungen sind wir nahezu alle lernunwillig. Ich habe eine ganze Reihe von Topmanagern und Spitzenpolitikern, darunter Minister- und Bundespräsidenten, kennen gelernt, die erst in Krisensituationen die Kraft des Gebetes entdeckten.

Eine gute Anleitung zum Erwerb dieser Metaqualifikationen gibt Paulus im 5. Kapitel des Galaterbriefes: Ich fasse sinngemäß zusammen: »*Gott hat euch zur Freiheit berufen, aber missbraucht sie nicht als Freibrief zur Selbstsucht und Lieblosigkeit. Vielmehr soll sich einer dem andern unterordnen. Ich will damit sagen: Lebt aus der Kraft, die der Geist Gottes gibt, dann müsst ihr nicht euren selbstsüchtigen Wünschen folgen. Wohin die menschliche Selbstsucht führt, kann jeder sehen. Der Geist Gottes hingegen lässt als Frucht eine Fülle von Gutem wachsen: Liebe, Freude, Geduld, Freundlichkeit, Güte, Treue, Nachsicht und Selbstbeherrschung.*«

Es ist interessant, dass man die Begriffe Selbstsucht und Selbstständigkeit einander gegenüberstellen kann. Das eine schließt das andere aus. Was Paulus hier als »Selbstständigkeit« beschreibt, ist eigentlich das, was morgen zählt.

Führungskräfte von morgen und ihre Zielvorstellungen

Der zukünftige Führungsstil

Im Zeitalter der neuen industriellen Revolution haben sich vorrangig fünf Schlüsseltechnologien entwickelt: Informationstechnik, Gentechnik, neue Werkstoffe, neue Energien und Raumfahrt. Im globalen Wettbewerb ist Europa auf keinem Gebiet dieser Technologien führend.

Welche Konsequenzen sollten wir daraus ziehen unter dem Aspekt der Führung?

Wir müssen unseren Führungsstil ändern; denn bleibenden Unternehmenserfolg kann man sich nicht kaufen, den muss man selbst entwickeln. Ich darf das noch einmal herausstellen:

Vor allem zwei Fähigkeiten müssen wir uns aneignen: erstens den Willen und die Fähigkeit zur Veränderung und zweitens den Willen und die Fähigkeit zur Begeisterung.

Die einen sehen in dem Neuen eine Chance und machen daraus Erfolge. Die andern sehen darin eine Bedrohung und rutschen ab in eine Krise. Änderungen sind schicksalhaft geworden. Entweder ich betreibe oder erleide sie. So sieht die neue Regel aus.

Wir müssen uns ein geistiges Fitnessprogramm für unsere Unternehmen erdenken. Zunächst sollten wir alles Überflüssige abwerfen: Veraltete Hierarchien und Strukturen mit

Beamtenmentalität, alle nebensächlichen teuren Arbeiten und auch gegenseitige Schuldzuweisungen. Ferner müssen wir alle zukunftsrelevanten Aufgaben aufwerten und alles Notwendige miteinander vernetzen.

Die Devise heißt lernen, lernen, lernen. Wer gestern noch erfolgreich war, wird es höchstwahrscheinlich morgen nicht mehr sein, weil er die Erfolgskriterien von gestern auf morgen anwendet.

Bis zum Jahre 1990 war das Wissen zehn Jahre lang etwas wert. Heute veraltet es schon nach fünf Jahren. Der wahre Konkurrenzkampf der Zukunft wird sich nicht mehr um wichtige Kunden drehen, sondern um außergewöhnliche Menschen.

Führungskultur besteht aus Persönlichkeit und Kompetenz

Wenn im zukünftigen globalen Konkurrenzkampf sich nur außergewöhnliche Menschen in Führungspositionen behaupten können, welche Voraussetzungen muss dann ein Topmanager mitbringen?

Wenn Sie wirklich eine gute Führungskultur bieten wollen, müssen Fachkompetenz und Persönlichkeit zusammenfallen.

Kompetenz eines Menschen entsteht ungefähr zwischen dem sechsten und sechsundzwanzigsten Lebensjahr. In diesen 20 Jahren bekommt ein Mensch vermittelt, was er ein Leben lang gebrauchen kann. Die Entwicklung der menschlichen Persönlichkeit folgt jedoch einem ganz anderen Muster: Ich habe bereits darauf hingewiesen, dass ein Kind in den ersten sieben Jahren die entscheidenden Prägungen erhält. Wenn es in einer intakten Familie aufwächst, lernt es Selbstverantwortung, Fürsorge, Nächstenliebe und überhaupt soziales Verhalten.

Der frühere Nestlé-Chef Helmut Maucher, einer der erfolgreichsten Manager Europas, der innerhalb von zehn Jahren den Umsatz seines Unternehmens mehr als verdoppelt hat, nennt die folgenden Charaktereigenschaften, die eine angehende Führungskraft seiner Meinung nach haben muss:

- Verantwortungsgefühl, moralische Qualitäten
- Mut, Nerven und Gelassenheit
- Lernfähigkeit, Sensibilität für Neues
- Denken in Zusammenhängen
- Glaubwürdigkeit, Einheit von Sprechen und Handeln
- Kommunikations- und Motivationsfähigkeit

Und diese Verhaltensweisen lernt man als Kind oder eben nicht. Wenn man das zu Hause nicht gelernt und sich angeeignet hat, dann ist man später als gute Führungskraft kaum noch einsetzbar. Da kann nur noch Gott helfen.

Führungspersönlichkeit und christlicher Glaube

Es werden immer mehr Stimmen laut, die eine ernsthafte Besinnung auf christliche Werte fordern — besonders für Manager. Sie haben das Buch »Made in Europa — Gestalten mit Führungskultur« von Rudolf Affemann gelesen. Ich lernte Rudolf Affemann während einer gemeinsamen publizistischen Aktion zugunsten des christlichen Glaubens vor 30 Jahren kennen, als wir bösartigen atheistischen Attacken ausgesetzt waren. Heute nimmt der Stuttgarter Psychotherapeut und Publizist eine starke Position ein und ist zum Angriff übergegangen. In seinem neuesten Buch macht Affemann deutlich, dass Europa durch die Wiederbelebung abendländischer kultureller Werte alle Trümpfe in der Hinterhand habe, um der globalen Heraus-

forderung durch Japan zu begegnen. Die Unternehmen bräuchten Führungskräfte mit einer geistigen Neuorientierung.

Der von Rudolf Affemann angedeutete Trend einer geistigen Neuorientierung findet berechtigterweise immer mehr Befürworter. Der Schweizer Dr. Egon Zehnder, Begründer einer der profiliertesten europäischen Unternehmensberatungsfirmen, setzt sich immer wieder mal mit dem Thema »Führung und christlicher Glaube« auseinander. In der Hauszeitschrift seines Unternehmens hat er einmal geschrieben:

»Wer sich mit Bereichen befasst, die nicht durch ›hard facts‹ und EDV-Listen belegbar sind, der gibt seinem Entscheidungsprozess einen neuen Stellenwert, der auf andere nicht ohne Wirkung bleibt. Die Dimension dieses Stellenwertes beginnt bei einer spürbaren Vertrauenszunahme und kann bis zur charismatischen Überzeugungskraft führen.

Diese spürbare Entwicklung liegt in der bewussten Bereitschaft, sich für sein Tun und Lassen vor einer übergeordneten Macht zu verantworten. Eine solche Demut gehört zu den wichtigsten Voraussetzungen für eine moderne und verantwortungsvolle Führungspersönlichkeit.

Die Frage nach dem Sinn unseres Handelns steht immer deutlicher im Zentrum der obersten Unternehmensleitung. Wer die Antwort in seinem Glauben gefunden hat, strahlt eine innere Sicherheit aus, deren Wirkung auf Manager und Mitarbeiter niemals ausbleiben wird. Wem dieser Weg offen steht, darf darauf nicht verzichten.«

Geistliche Wirklichkeit muss wahrnehmbar sein

Auf welches Echo stoßen Sie, wenn Sie in Ihren Seminaren und Vorträgen z. B von einer übergeordneten Macht sprechen, vor der ein Manager sein Tun und Lassen zu verantworten hat, wie es Dr. Egon Zehnder formuliert hat?

Da habe ich einschlägige Erfahrungen gemacht. Vor einiger Zeit trat die Bildungsakademie eines großen deutschen Geldinstituts mit der Bitte an mich heran, eine Reihe von Workshops für die Vorstände der einzelnen Institute zu halten. Das Thema sollte immer wieder das gleiche sein: »Führung und Glaube – Hilfe oder Hindernis?« Es war für mich höchst interessant, wie schnell diese sonst kühlen Banker sich selbst persönlich einbrachten bei diesem nicht gerade alltäglichen Thema. Nachdem sie das Anliegen und die Botschaft von Jesus Christus verstanden hatten, waren sie in der Regel sogar bereit, ihre persönlichen Lebensprobleme aufzublättern.

Die alles bestimmende Frage ist immer die gleiche: Wie ist es um die Wirklichkeit des christlichen Glaubens bestellt? Wer Christus im Glauben begegnet, tritt immer in eine neue Wirklichkeit ein. Nun gehört es zum Wesen der Wirklichkeit, dass sie sich abfragen lässt. Wirklichkeit geht der kritischen Nachfrage nie aus dem Weg. Wo immer Sie einem Menschen begegnen, der von sich behauptet, Christ zu sein, fragen Sie ihn bitte, ob dieser Glaube in seinem persönlichen Leben zu einer neuen Wirklichkeit geführt hat. Wo und wie ist diese neue geistliche Wirklichkeit wahrnehmbar? Denn Christen sind Menschen, die Gott und Christus als ihren Lebenspartner in ihr Leben aufgenommen haben – wie in einer Ehe.

Meine Energiequelle ist mein Dank Gott gegenüber

Kommt es auch schon mal vor, dass Topmanager im Beisein ihrer Kollegen in öffentlichen Diskussionen oder Wirtschaftsforen Glaubensäußerungen kundtun? Und wenn so etwas geschieht, wie reagieren dann die Anwesenden?

Auf Einladung des World Economic Forums tagte in Wien eine »handverlesene« Gruppe von führenden Wirtschaftlern. Der hochbetagte Wiener Kardinal König hielt einen Vortrag über Wirtschaftsethik. Es folgte eine interessante Diskussion unter Bankern und Wirtschaftsführern, die sich sehr schnell darüber einigen konnten, dass die Zeit des bloßen Managens definitiv vorbei sei. Es sei dringend erforderlich, ethische Maßstäbe im Erfolgsmanagement einzubeziehen.

Dann stellte ich die Frage, wie man diese Erkenntnis in die praktische Tagesarbeit umsetzen könne. Jeder Anwesende habe eine Art von moralischer Energiequelle in sich, um jenes Quantum an Vitalität und Kraft, aber auch an Zivilcourage zustande zu bringen, immer mal wieder gegen den Strom zu schwimmen; denn wer ethische Standpunkte vertrete, würde gegen den Strom schwimmen und müsse damit rechnen, belächelt zu werden.

Daraufhin stand der Aufsichtsratsvorsitzende einer der großen deutschen Industriekonzerne auf und sagte etwas sehr Bemerkenswertes:

»Ich habe ein Glaubensbekenntnis. Meine Energiequelle für mein an ethischen Maßstäben orientiertes Handeln ist mein Dank Gott gegenüber. Ich bin Gott zutiefst dankbar, dass ich leben darf, dass ich so leben darf, wie ich heute leben kann, und dass ich arbeiten darf.«

Als er das gesagt und sich wieder hingesetzt hatte, war für einen Moment ein Hauch von Freiheit in diesem Raum. Für einen kurzen Augenblick hatte jemand die Freiheit und die Courage gehabt zu sagen, was er wirklich glaubt. Wenn jemand seinen persönlichen Glauben in einer so hochkarätigen Gruppe öffentlich vorzeigt, macht er sich verletzbar. Und wer sich verletzbar macht, ist frei, mutig, vollmächtig und innerlich stark.

Der erste Einstieg in diese Kraftquelle geht meistens über die Dankbarkeit Gott gegenüber. Eine Gesellschaft, in der die Dankbarkeit immer mehr schwindet, wird in Zukunft Schwierigkeiten mit sich selbst haben; denn Dankbarkeit ist der Einstieg in ein sinnvolles Leben.

Ein Manager muss Prediger sein

Das Glaubensbekenntnis des deutschen Aufsichtsratsvorsitzenden haben Sie sehr anschaulich geschildert. Man kann den Eindruck gewinnen, als müsse ein guter Manager zugleich ein guter Propagandist seiner Glaubensüberzeugungen sein.

Jeder gute Manager hat eine Art von »Glaubensbekenntnis«. Deshalb muss ein Manager im wahrsten Sinne des Wortes auch Prediger sein, indem er seinen Mitarbeitern verkündet, woran er glaubt, was für ihn gilt und verbindlich ist und wie seine Wertmaßstäbe aussehen.

Es gibt eine menschliche Grunderfahrung, die ich selbst gemacht habe und die für mich Lebens- und Arbeitsbasis geworden ist: Das Leben eines Managers bekommt in dem Augenblick eine grundsätzlich neue Dimension, in dem er erkennt und akzeptieren kann, von wem er eigentlich seine Kraft hat und wem er letztlich für sein ganzes Leben verantwortlich ist. Wirkliche Stärke entwickelt sich immer aus einem persönlichen Eingeständnis von Schwäche. Das hat auch Paulus erkannt.

Ich kenne zwar eine Reihe von Menschen, die behaupten, es würde nach unserem Tode so etwas wie eine letzte Instanz sicher nicht geben. Was mich allerdings wundert, ist die Beobachtung, dass wir fast alle so leben, als gäbe es eine letzte Instanz, vor der ich mich und mein Leben verantworten muss. Was in aller Welt hielte mich sonst davon ab, als hemmungsloser Opportunist zu leben und immer nur in die eigene Tasche zu wirtschaften.

Wenn wir Leute aus der Wirtschaft jetzt und in der Zukunft überzeugend, vorzeigbar, richtig und verantwortlich handeln wollen, dann müssen wir jetzt schon beginnen, an einer ganz bestimmten Stelle gegen den Strom zu schwimmen. In einer fast ausschließlich quantitativ denkenden und planenden und nahezu rein ökonomisch bestimmten Gesellschaft können sich erfolgreiche Unternehmen nicht länger auf den Standpunkt stellen, dass ihre Aufgaben und Ziele nur darin bestehen, Bruttosozialprodukt zu erwirtschaften und Arbeitsplätze zur Verfügung zu stellen. Das ist zu wenig, weil alle Problemlösungen, die derzeit anstehen, unpopulär sind und Politiker ihnen aus dem Wege gehen. Deshalb müssen Unternehmer heute auch vorzeigen können, wem sie schlussendlich verantwortlich sind, nicht nur ihren Kapitalgebern.

Wie Manager in Krisensituationen reagieren

Wenn Manager kein Glaubensfundament und keine verbindlichen ethischen Maßstäbe haben, werden sie wohl kaum in der Lage sein, gegen den Strom zu schwimmen und unpopuläre Maßnahmen zu unterstützen. Sein wahres Gesicht zeigt ein Mensch in Krisensituatio-

nen. Wie reagieren Manager, wenn Sie beruflich auf der Kippe stehen?

Unlängst machte ein bekannter deutscher Personalberater eine interessante Studie. Er untersuchte das Verhalten von Managern in Berufssituationen, die wohl bald zu deren Entlassungen führen würden. Er wollte herausfinden, wie Manager darauf reagieren, wenn sie annehmen müssen, bald gefeuert zu werden. Das Ergebnis war verblüffend und stimmt recht nachdenklich. Alle reagierten falsch. Alle fingen an, härter zu arbeiten und blieben länger im Büro. Das war zunächst einmal schlicht dumm; denn damit zeigten sie, dass sie bisher wohl zu wenig gearbeitet hatten. Noch schlimmer war aber die Antwort auf die Frage: »Was glauben Sie, wofür Sie Ihr hohes Gehalt beziehen?« Niemand konnte eine richtige Antwort geben. Er musste ihnen klar machen, dass niemand in einem herausfordernden, hoch bezahlten Beruf für Fleiß, Arbeit und viele Bürostunden bezahlt wird. Letztlich werden sie dafür bezahlt, dass sie einen hohen Nutzen für ihre Firma einbringen, was immer dieser Nutzen auch sei.

Die wichtigste Frage für einen hoch bezahlten Manager lautet: »Kann ich in diesem Unternehmen einen einzigartigen Nutzen einbringen, den niemand sonst bringt?« Andernfalls sollte er sich nach einer neuen Stelle umsehen, wenn er ein hohes Gehalt bezieht.

In der oben erwähnten Studie haben die befragten Manager deshalb in einer kritischen Phase ihres Lebens Schiffbruch erlitten, weil sie offensichtlich ihre berufliche Aufgabe und Funktion nicht selbstständig in die Hand genommen haben.

Burn-Out-Syndrom bei Managern

Der oft auf sich allein gestellte Manager darf keine Schwäche spüren lassen, weil sonst angeblich seine Autorität erschüttert werden könnte. Wenn die Krisen überhand nehmen und die Kraft verbraucht ist, brennen die Sicherungen durch.

Warum sind Midlife-Crisis und das Burn-Out-Syndrom bei Managern besonders signifikant?

Die Midlife-Crisis kann jeden Manager treffen, aber sie trifft insbesondere jene, die glauben mehr zu können, als sie wirklich anzubieten haben. Besonders gefährdet sind jedoch Manager, die nur sich selbst verwirklichen wollen und zu hochmütig sind zuzugeben, dass sie ohne (göttliche) Kraftzufuhr nicht leben können. Diese Menschen stehen in der Gefahr, in den Spannungsfeldern des Geschäfts- und Privatlebens zerrissen zu werden.

Dem Burn-Out-Syndrom, dem Ausgebranntsein, fallen besonders Perfektionisten mit einem übertriebenen Geltungsbedürfnis zum Opfer, die sich zu permanenten Höchstleistungen antreiben, die irgendwann in einer Art von Arbeitssucht enden. Hinter dem Geltungsbedürfnis und der Arbeitssucht verbirgt sich in der Regel eine Sehnsucht nach Geborgenheit und Anerkennung.

Menschen in Führungspositionen werden oft hin- und hergerissen zwischen Beruf und Familie. Krankhafte Ausfallerscheinungen wie auch die Krise zur Lebensmitte werden als Wendepunkt erlebt oder als eine Art von Balanceakt zwischen Chance und Katastrophe. Quälende Fragen überfallen den verbrauchten Manager im fortgeschrittenen Alter: Was kann ich noch leisten? Was steht mir noch bevor? Was kann ich noch ertragen?

In dieser Krise zur Lebensmitte findet ja oft ein Ausstieg aus der Karriererennbahn statt, eine Art von bewusster oder unbewusster Prioritätsverschiebung hin zur Privatsphäre. Wenn ich mich heute mit einem Manager zehn Minuten unterhalte, weiß ich in der Regel, ob er diese Krise noch vor sich oder schon hinter sich hat.

Balancefindung zwischen Beruf und Familie

Zwei Beratungsunternehmen haben am Ende des letzten Jahrhunderts führende Unternehmer gefragt, ob sie sich in der Lage sehen, ihr Unternehmen ins nächste Jahrtausend zu führen. Nur 21 Prozent bejahten diese Frage. Überfordert fühlten sich 25 Prozent der befragten Topmanager der hundert größten Unternehmen Europas. Sie hielten sich für »Burn-Out-Kandidaten« und gaben als höchsten Stressfaktor die kaum noch ertragbaren Belastungen für das Privat- und Familienleben an.

Eine der härtesten Herausforderungen für Führungskräfte in der Zukunft wird eine Balancefindung sein, einmal zwischen Beruf und Familie, zum andern zwischen der Berufswelt von heute und von morgen.

Bei einer Befragung des Mittelstandes in Niedersachsen würden 60 Prozent der befragten Unternehmer ihre Investitionsentscheidungen eindeutig mehr nach persönlichen Umständen als nach rein ökonomischen Rentabilitätsüberlegungen treffen. Während bei den jüngeren Unternehmern eine deutliche Präferenz wirtschaftlicher Ziele zu erkennen war, wechselten die älteren Firmeninhaber mehr zu privaten Lebenszielen mit nachlassendem unternehmerischem Schwung und mangelnden Initiativen. Der Präferenzwechsel findet zwischen dem 40. und 50. Lebensjahr statt.

Wenn Manager in ein tiefes Loch fallen

Soziologen haben herausgefunden, dass zahlreiche Manager nach einigen Karriere-Jahren plötzlich in ein tiefes Loch fallen und Burn-Out-Symptome erkennen lassen. Psychologen sind diesem Phänomen nachgegangen und machten eine erstaunliche Beobachtung: Wenn diese lebensmüden Manager eine neue Herausforderung finden und sich zu ihren Schwächen bekennen würden, würden viele von ihnen eine neue Blütezeit erleben.

Sie wissen, dass es karriereschädlich ist, sich zu seinen Schwächen zu bekennen. Auf der andern Seite erhöht das dosierte Zugeben von Schwächen bei den Mitarbeitern die Autorität des Chefs. Menschen, die angeblich keine Schwächen haben, sind nicht ernst zu nehmen. Da gab es mal im deutschen Manager-Magazin eine Titelstory »Leben in deutschen Vorständen«, wo der Chef eines großen Unternehmens zitiert wurde: *»Ich würde nur noch Leute in den Vorstand holen, die einmal eine kräftige Niederlage erlitten haben. Bei mir sollen diese Leute nicht ihren ersten Misserfolg haben, den haben sie woanders durchlitten. Dann lasse ich mir von ihnen genau erzählen, wie sie ihren Misserfolg erlebt und verarbeitet haben.«*

Wer seine Schwächen ständig verdrängt, wird irgendwann einmal ausbrennen.

Wenn Manager vom Karrierethron in ein tiefes Loch fallen, haben sie in der Regel keine Lebensplanung betrieben. Wer einen herausfordernden Beruf hat, muss spätestens als Fünfzigjähriger damit anfangen darüber nachzudenken, was man nach dem 65. Lebensjahr tut. Viele Manager glauben, dass nach ihrer Pensionierung alles so weitergehe wie bisher. Wenn mein Beruf für mich ein und alles war, dann ist mit dem Beenden meiner Berufsarbeit auch die Sinn- und Lebensmitte dahin.

Schon wenn das Ende der Berufskarriere in Sicht ist, sollte der Manager anfangen, sich langsam geistig aus seiner Berufswelt »herauszuschleichen«. Wer hochtourig auf der Autobahn fährt, kann nicht plötzlich eine Vollbremsung machen, ohne einen schweren Unfall zu erleiden.

Wenn ein Manager seinen Freundeskreis ausschließlich in der Geschäftswelt gesucht hat, wird er nach dem Berufsausstieg ziemlich vereinsamt sein; denn Geschäftsfreunde halten in der Regel nur solange den Kontakt aufrecht, wie sie davon »geschäftlich« profitieren. Deshalb ist es wichtig, Freunde zu haben, die mich um meiner selbst willen lieben und nicht wegen meines Geldes und meiner Beziehungen.

Ziele setzen heißt Leben gestalten

Als Bordgeistlicher auf dem Traumschiff »Maxim Gorki« lernte ich wiederholt Industriemanager kennen, die total frustriert waren. Auf einer Reise beobachtete ich im Maxim-Gorki-Theater, wo die Gottesdienste stattfanden, ein älteres Ehepaar, das beim ersten Besuch in der letzten Reihe saß. Nach jedem Gottesdienst rückten die beiden interessierten Zuhörer jeweils eine Reihe vor, bis sie am Schluss in der vordersten Sitzreihe landeten.

Dann kamen sie auf mich zu. Der Ehemann stellte sich als ein soeben pensionierter Manager eines großen Pharmakonzerns vor. Er erzählte mir, seit 30 Jahren habe er keinen Urlaub mehr gemacht und nur für seinen Beruf gelebt.

In diesem Gottesdienst sei ein Traum auf dem Traumschiff in Erfüllung gegangen. Er habe Gott gefunden und damit den Sinn seines Lebens, der ihm nach Karriereende abhanden gekommen sei. Er hatte sein bisheriges Leben ohne Gott geplant.

Lassen Sie uns etwas intensiver über Zielvorstellungen und Le-

bensplanung nachdenken. Darüber haben Sie sich viele Gedanken gemacht. Ganz allgemein gefragt: Warum sind Ziele besonders auch im Wirtschaftsleben notwendig?

Management durch Zielvereinbarung ist ein wichtiges Führungsprinzip, das in Wirtschaftsunternehmen mit Erfolg gehandhabt wird. Ziele setzen hat aber auch noch eine umfassendere Bedeutung: Ziele setzen heißt Leben gestalten.

Zielsetzung heißt: Initiative entwickeln, Antrieb haben. Nur auf ein Ziel hin wird Kraft und Energie freigesetzt. Wer keine Ziele hat, lebt eigentlich gar nicht richtig.

Auch Gott will, dass wir klare Lebensziele haben. Wir werden ihm nach unserem Tod darüber Rechenschaft ablegen müssen, was wir aus unserem Leben gemacht haben. Dieses Fernziel steht hundertprozentig fest. Lichtenberg hat einmal gesagt: *»Die Klugheit eines Menschen lässt sich an der Sorgfalt ermessen, mit der er das Künftige und das Ende bedenkt.«* Das ist ein wichtiges Wort.

Solange wir die Geschichte der Menschheit zurückverfolgen können, hat es immer Menschen gegeben, die sich Ziele gesetzt haben. Dies gilt natürlich auch für die Führungspersönlichkeiten in der Wirtschaft. Wer seine Fähigkeiten entwickeln und anwenden möchte zum Wohl der Mitmenschen, braucht Visionen, Träume und attraktive Fernziele.

Für den Dalai Lama ein tibetanisches Neues Testament

Können Sie ein Beispiel nennen, wie Visionen zu Wirklichkeit wurden?

Ich erinnere mich an ein ungewöhnliches Beispiel für visionäre Zielsetzung. Vor einigen Jahren hatte die österreichische Industriellenvereinigung den Dalai Lama zu einem Vortrag nach Wien eingeladen. Meine Frau hatte Lust mitzugehen. Vier Tage vor dem Vortrag erklärte sie mir, dass sie den inneren Auftrag verspürte und das Ziel hätte, dem Dalai Lama ein Neues Testament in tibetanischer Sprache zu schenken. Nach kurzer Zeit stellte sie fest, dass kein christlicher Buchhändler in Wien ihr weiterhelfen konnte. Sie fand dann eine Schweizer Missionsgesellschaft, die über ein Exemplar verfügte und es sofort per Luftpost auf den Weg brachte. Dieses Neue Testament war in keinem guten Zustand. Meine Frau fand dann einen der noch existierenden Buchbinder und überredete ihn, dieses Buch innerhalb eines Tages neu einzubinden – in rotes Leder.

Als der Dalai Lama eintraf, war er natürlich umringt von Jüngern, Journalisten und Ehrengästen. Nach der Veranstaltung sollte ein Empfang in einem sehr kleinen Kreis geladener Gäste stattfinden, und meine Frau beschloss, ihn auf dem Weg dorthin anzusprechen. Aus Sicherheitsgründen wurde dieser Weg aber kurzfristig geändert, und der Dalai Lama verschwand in jenem Zimmer, ohne dass meine Frau ihn zu Gesicht bekommen hatte.

Sie fand heraus, wo der betreffende Raum war, und stand vor einem muskulös gut ausgestatteten Bodyguard, der ihr unmissverständlich zu verstehen gab: No chance! Als er seine Botschaft mit weit ausgebreiteten Armen auch so noch illustrieren wollte, schlüpfte sie schnell unter seinem Arm durch und stand unversehens dem Dalai Lama gegenüber, umgeben von den geladenen Ehrengästen.

Sie entschuldigte sich für den »Einbruch«, schaffte es, seine Aufmerksamkeit zu bekommen und sagte: »Ich freue mich, dass ich Sie hier persönlich kennen lernen darf. Nachdem ich eine Stunde lang Gelegenheit hatte, Ihre Botschaft zu hören, an die Sie glauben, möchte ich Ihnen etwas geben, woran ich glaube. Hier ist ein Neues Testament der Bibel in Ihrer Sprache. Würden Sie es lesen?« Der Dalai Lama bedankte sich bei meiner Frau in der ihm eigenen freundlich-charmanten Art und versprach hineinzuschauen.

Rückblickend habe ich mich geschämt, dass ich meiner Frau nicht zugetraut hatte, dieses Ziel zu erreichen. Ich hatte wohl die Kraft und die Faszination ihrer Vision unterschätzt, die Gott ihr geschenkt hatte.

Zielvorstellungen in einer säkularisierten Welt

Menschen ohne Ziele kreisen um sich selbst, vertun ihr Leben und kommen keinen Schritt voran. Können Sie konkrete Hilfestellungen geben, wie man Schritt für Schritt aus diesem ziellosen Teufelskreis herauskommt und an welchen Zielen sich unsere säkularisierte Gesellschaft orientiert?

Persönliche Zielsetzung kann z. B. damit beginnen, dass ich mir einmal selbst bewusst mache, welche Neigungen und Wünsche ich habe. Wünsche haben alle, man kann sie haben und aufgeben. Nur wenige Menschen haben Ziele, die man auf Gedeih und Verderb zu erreichen versucht.

Wichtig ist, dass wir uns bewusst machen, was uns antreibt und was unsere Wertmaßstäbe sind. Ist es Geld, Ehre, Ansehen oder wirtschaftliche Sicherheit?

Indem wir uns von den Maßstäben und Ansprüchen unseres Schöpfers befreit haben, stehen uns auch nicht mehr die uns tragenden Werte und Ziele vor Augen. Durch diesen Prozess der Abkehr von Gott, für den wir den neutralen Ausdruck »Säkularisierung« gefunden haben, hat sich im Laufe der Zeit dreierlei ereignet:

Erstens: Unsere Lebensziele haben sich quantitativ verengt. Aus »Wir-Zielen« wurden »Ich-Ziele«. Was uns heute noch mobilisiert, sind praktisch nur noch private, persönliche Ziele.

Zweitens: Unsere Lebensziele haben sich zeitlich verengt. Wir haben kaum noch Fernziele, nur noch Nahziele. Auch in den meisten Firmen wird gar nicht erst der Versuch unternommen, noch Zehnjahrespläne zu entwickeln. Man weiß ja kaum noch, was in fünf Jahren sein wird.

Drittens: Unsere Lebensziele haben sich qualitativ verengt auf persönliche Sicherheit (»Lass mich in Ruhe«) und persönlichen Wohlstand. Genau hier setzt übrigens politische Wahlwerbung an.

»Wer Leistung fordert, muss Sinn anbieten«

Wie sollte sich nach Ihrer Meinung die optimale Zielplanung eines erfolgreichen Unternehmers gestalten?

Ein erfolgreicher Unternehmer kann seine Nahziele nur dann richtig aneinander reihen, d. h. erfolgreich arbeiten, wenn er attraktive Fernziele hat und vermitteln kann. Nur wenn ich als Manager in der Lage bin, z. B. talentierte Nachwuchskräfte für mein unternehmerisches Fernziel zu begeistern, werden sie fähig und willens sein, die entsprechenden Etappenziele richtig aufzustellen.

Wer zielorientiert denkt, wird nicht nur die Profitmaximierung vor Augen haben, sondern Mehrzielverfolger sein: Balanceakte zwischen Ökonomie und Ökologie, zwischen unternehmerischen und privaten Zielen. Es geht um die Zusammenhänge zwischen geglückter Lebensführung und Sinnfindung sowie der Welt des täglichen Berufs.

Wer Leistung fordert, muss Sinn anbieten (Böckmann). Es gibt einen großen Unterschied zwischen Sinn und Zweck. Wenn ich meinem Tun und Handeln Sinn abgewinnen kann, ist dieser Sinn für mich zugleich eine Energiequelle.

»Wenn ich für mich selbst die Frage nach dem ›Warum‹ und ›Wozu‹ meines Lebens beantworten kann, habe ich mit der Frage nach dem ›Wie‹ kaum noch Schwierigkeiten«, sagt der Psychologe Victor Frankl. Ein Unternehmer wird in Zukunft auch für seine Mitarbeiter mehr und mehr die Funktion eines Sinnvermittlers übernehmen müssen.

An keiner anderen Stelle wird so deutlich sichtbar, ob ich einen Sinn- und Verantwortungshorizont für mein privates und berufliches Leben gefunden habe wie bei meinen persönlichen Planzielen: Sage mir, was du planst, und ich sage dir, wer du bist.

Tipps für Manager: Du bist, was du planst

Wenn ein Manager seine Planung auf dem Hintergrund des Sinn- und Verantwortungshorizonts vornimmt, welche Aspekte sollte er dabei ganz konkret berücksichtigen?

Jeder Manager sollte sich fragen, mit welcher Art von Planung er sich überhaupt beschäftigt. Welche Ziele und Normen hat er im Visier? Er sollte sich eine Art Vogelperspektive über sein eigenes, persönliches Planungsverhalten zulegen.

Wie sieht das Planungsverhalten der meisten Manager aus?

1. Unternehmensplanung: Unser tägliches Geschäft. Hier dreht sich alles um Zahlen, Erfolg, qualitative und quantitative Ziele. Hier machen alle mit.

2. Karriereplanung: Wer einen starken Motor in sich hat, der Ehrgeiz heißt, wird vielleicht Karriereplanung über Unternehmensplanung stellen. Auch hier sind die meisten dabei.
3. Finanzplanung: Wieviel Zeit investieren wir für Finanzplanung? Meine Frau sagte mir mal: »Du beschäftigst dich mit den Finanzen deiner Firma mehr als mit unseren eigenen!« Hier müssen wir Sorgfalt walten lassen.
4. Familienplanung: Es geht nicht primär um die Frage, wie viele Kinder wir haben oder ob wir ein Haus bauen wollen, sondern welchen Lebensstil wir bevorzugen. Was soll unter uns gelten?
5. Gesundheitsplanung: Obwohl ich viele Gesundheitsbücher gelesen habe und voller guter Erkenntnisse bin, zählt bei der Gesundheit eben nur das, was man wirklich tut. Hier müssen wir dazulernen.
6. Eheplanung: Geglückte Beziehungen sind noch nie vom Himmel gefallen. Diese Art von Planung betreiben viele Manager erst dann, wenn sie notwendig zu werden scheint. Dann ist es aber oft schon zu spät.
7. Lebensplanung: Daran denkt kaum jemand. In der Regel planen wir unseren kleinen Maulwurfshügel und haben die große Wiese aus den Augen verloren. Es gibt z. B. kaum Seminare über Lebensplanung. Der Begriff scheint uns abhanden gekommen zu sein.

Das Lebensziel mit Gott abstimmen

Menschen, die Gott gefunden haben, sprechen oft begeistert von ihrem neu entdeckten Lebensziel. Wie kommt das?

Bei all unseren Zielfindungsversuchen dürfen wir nicht vergessen, dass Gott uns in eine Welt hineingesetzt hat, die wir nach seinen Maßstäben prägen sollen.

Jeder Mensch, der sein Leben Gott zur Verfügung gestellt hat, wird deshalb seine Prioritäten mit Gott abstimmen. Ein Christ kann mit Paulus im Brief an die Galater sagen: *»Ich lebe, aber ich lebe nicht nur aus eigener Kraft, sondern Christus lebt in mir.«* Derselbe Paulus kann aus diesem Christusbewusstsein bekennen: *»Ich vermag alles durch den, der mich mächtig macht, Christus.«* Deshalb ist der Dreh- und Angelpunkt eines zielorientierten Christen Christus: Der Weg, die Wahrheit und das Leben.

Vor dieser Alternative steht jeder Mensch: Entweder mit seinen eigenen Zielen zu leben aus beschränkter eigener Kraft oder mit Gottes Zielen zu leben – und dann auch in der Kraft Gottes mit dem Endziel des ewigen Lebens.

Das Kraft spendende Ziel in Grenzsituationen

Es ist deutlich geworden, dass ein Mensch seine Ziele letztlich nur verwirklichen kann, wenn er die nötige Kraft dazu hat. Als Theologiestudent habe ich mir folgenden Satz meines Griechischlehrers eingeprägt: »Die Kräfte wachsen mit dem Blick aufs Ziel und unbezwingbar ist, wer warten kann.« Es muss also ein lohnendes Ziel vorhanden sein, sonst ist man nicht bereit, alles dafür zu geben. Es muss uns also gelingen, unsere persönlichen Ziele mit einem letzten Ziel und deshalb mit einem letzten Sinn zusammenzubinden. Wie wirkt sich ein solch kraftspendendes Ziel in einer Grenzsituation aus?

Der kürzlich verstorbene weltbekannte Psychiater Professor Victor Frankl hat sich am intensivsten mit Sinnfindung beschäftigt. Frankl war während des Dritten Reiches in einem deutschen Konzentrationslager, wo er eine wichtige Grunderfahrung machte.

Als Häftling in Auschwitz beobachtete er, wie eine Gruppe von Menschen zu Tieren verkam, während aus andern wirkliche Heilige wurden. Frankl machte folgende Erfahrung: Menschen, die diesen schwersten Belastungen ausgesetzt waren, konnten nur dann überleben, wenn sie trotz allem noch einen Sinn im Leben sahen. Die intakt Überlebenden waren fast ausnahmslos Menschen, die noch irgendetwas vom Leben erwarteten, d. h. die noch ein alles beherrschendes Ziel hatten: Irgendetwas, was sie später noch tun wollten, oder einen Menschen, den sie unbedingt noch einmal sehen wollten ... Die andern entwickelten keine Überlebenskräfte und starben in kurzer Zeit, sofern sie nicht vergast wurden.

Für Christen heißt das entscheidende Lebensziel Christus und das letzte Fernziel »Ewiges Leben«, das Christus uns durch seinen Tod und seine Auferstehung erworben hat. Vor diesem Ziel sollte eigentlich jedes andere Ziel klein werden.

Wie beeindruckt der weltbekannte Psychoanalytiker Victor Frankl von dieser Christusbotschaft war, vertraute er mir wenige Jahre vor seinem Tod an: »Legen Sie die Menschen, die zu Ihnen in die Seelsorge kommen, nicht auf die psychotherapeutische Couch, sondern bezeugen Sie ihnen das Evangelium von Jesus Christus. Es ist viel wirksamer.« Auf meine Frage, warum er als Psychologieprofessor den christlichen Glauben nicht als »Therapeutikum« in seinen millionenfach aufgelegten Büchern in aller Welt propagiere, antwortete er: »Wenn ich das täte, würde ich als Wissenschaftler nicht mehr ernst genommen.«

Christusbotschaft und säkulare Gesellschaft

Missionsauftrag: Global denken, lokal agieren

Wir haben oft über den Apostel Paulus gesprochen. Marketing-Experten bezeichnen ihn als den ersten »Global player«, der die erfolgreichste Marketingstrategie der Weltgeschichte praktiziert habe. Unter dem Titel »Das Paulus-Prinzip« (Econ Verlag 1998) haben die Managementtrainer Franz Berger und Harald Gleißner ein aufschlussreiches Buch geschrieben. Die Autoren meinen, aus der Apostelgeschichte des Lukas und den Briefen des Paulus im Neuen Testament zeige sich das Lebenswerk des Apostels Paulus auch als Programm einer logischen, methodischen und fruchtbaren Marketingsstrategie, deren Erfolg über zwei Jahrtausende gewachsen ist und weiter anhält.

Welche Strategie müssen Christen des 21. (globalen) Jahrhunderts zur Verbreitung des Evangeliums anwenden?

Der derzeitige Umbruch in unserer Welt ist ein totaler, ein globaler Umbruch. Hier gibt es nichts zu reparieren. Auch Christen müssen sich eine ganz bestimmte Strategie aneignen, die von den multinationalen Unternehmen bereits praktiziert wird: »think global, act local« (Denke global, aber agiere lokal). Man kann das eine nicht ohne das andere tun. Beides gehört zusammen.

Vom Heiligen Geist bewegte und erweckte Christen haben zu allen Zeiten immer global gedacht und lokal gehandelt.

Andernfalls wäre es nie zur weltweiten Ausführung des Missionsauftrages gekommen. Das war eine Konsequenz ihres Denkens.

Nahezu unbemerkt wurden in den letzten Jahrzehnten die geistlichen Landkarten unserer Welt umgezeichnet. Der Geist Gottes, der nach der Bibel weht, wo er will, hat sich offensichtlich neue Orte gesucht für das Anfachen des geistlichen Feuers als das so genannte christliche Abendland.

Als der Kommunismus zusammenbrach und sich Osteuropa für den christlichen Glauben öffnete, erklärten Christen der westlichen Welt dieses Gebiet zu ihrem Hauptmissionsfeld. Schätzungsweise agieren hier knapp 300 christliche Missionsgesellschaften und Organisationen. Möglicherweise gibt es heute in Osteuropa mehr gläubige Christen als in Westeuropa.

Die uns von der Bibel vorgegebene Missionsstrategie hält uns der Apostel Paulus im Römerbrief (15. Kapitel) vor Augen: »Ich habe es mir zur Aufgabe gemacht, das Evangelium dort zu predigen, wo der Name Jesus noch nicht bekannt ist.«

Die paulinische Marketingstrategie als Vorbild

Wie ernst und verpflichtend für Paulus die missionarische Verkündigung war, unterstreicht ein anderes Zitat aus dem 1. Korintherbrief (Kapitel 9, Vers 16): »Denn wenn ich das Evangelium verkündige, so ist das nicht mein Ruhm. Das ist mir auferlegt als strenge Pflicht. Wehe mir, wenn ich das Evangelium nicht verkündige!«

Die Marketingstrategen unseres globalen Zeitalters, die dem erfolgreichen »Paulus-Prinzip« auf der Spur sind, knüpfen an die berühmten vier »P's« an: Product, Price, Placement und Promotion. Ich möchte Ihnen eine kleine Kostprobe ihrer Überlegungen servieren, auch wenn es nicht Ihr Geschmack sein sollte.

Das *Produkt* war für Paulus die frohe Botschaft von der Erlösung des Menschen durch Jesus Christus, die in der damaligen Zeit einmalig war. Im Unterschied zum Judentum, das als *Eintrittspreis* u. a. die Beschneidung forderte, brauchten nichtjüdische Menschen nicht beschnitten zu werden. Es sei ein faszinierender Kollektivgedanke gewesen, als Getaufter ein Teil am Corpus Christi sein zu dürfen. *Placement*: Etwa zwanzig Jahre seines Lebens habe Paulus sich dieser »Verbreitungsarbeit« gewidmet und dabei eine Gesamtstrecke von ungefähr 5000 Kilometern an Land und über 15000 Kilometern zur See zurückgelegt. Seine Missionsziele waren entweder Hauptstädte, zumindest Verwaltungszentren und vor allem Hafenstädte; denn er wusste, dass Informationen am besten mit Verkehrsströmen reisen und sich daher so am besten ausweiten. Darüber hinaus war es Paulus wichtig, die bedeutendsten Zentren des damaligen Weltreiches zu erreichen: Athen, das geistige Zentrum der Antike, und Rom, das oberste Machtzentrum. *Promotion:* Im Kern nutzte Paulus natürlich nur die damals technisch möglichen und ihm vertrauten Werbemedien: Predigt, persönliches Gespräch und Diskussion. Hörte er über sein Informationsnetz, dass es irgendwo Konflikte und Widersprüche zu seiner Lehre gab, erreichte ihn eine Anfrage, dann sandte er in der Regel eine schriftliche Botschaft. Dreizehn dieser Briefe sind im Neuen Testament erhalten. Paulus nannte die von ihm gegründeten Gemeinden seine »Töchter«, um die er »Geburtswehen gelitten« habe. Heute gäbe es auch noch »Tochterfirmen«, und deshalb verstünde jeder Firmenleiter diese symbolische Sprache. Neben den vier »P's« käme bei Paulus noch ein fünftes »P« hinzu: *Persönlichkeit.* Paulus sei eine exponierte Führungskraft gewesen, zugleich ein charismatischer und polarisierender Mensch. Er war eine unverwechselbare starke Persönlichkeit mit einer hohen Kommunikationsfähigkeit und ständiger Entscheidungsbereitschaft. Seine Christusvision beflügelte seinen Missionsauftrag, der von einer kompromisslosen Zuwendung zum Menschen geprägt war.

Kommen wir zurück zu Siegfried Buchholz, einem Fan des Apostels Paulus. Sie haben als Geschäftsmann die ganze Welt bereist und auch die missionsgeschichtliche Lage studiert. Auf welchen Kontinent würden Sie heute die meisten Missionare schicken?

Wo bleibt der christliche Einfluss in Asien?

Ich würde den asiatischen Kontinent als wichtigstes Missionsfeld einstufen. Ungefähr 60 Prozent der Weltbevölkerung leben heute in Asien. Der Anteil der konventionellen Christen beträgt lediglich fünf Prozent. Die Christen in den USA, die mit Abstand das höchste Spendenaufkommen für missionarische Arbeit aufbringen, leiten aber nur 0,1 Prozent der Missionsgelder in den asiatischen Raum.

Die christlichen Kirchen haben ihr globales Konzept den Umbruchssituationen offenbar noch nicht angepasst. Gründe sind mangelnde Information und fehlendes Interesse an Asien, vielleicht auch Angst vor den militanten islamischen und hinduistischen Fundamentalisten.

Wir dürfen nicht vergessen, dass der gesamte asiatische Raum immer mehr in eine Führungsrolle innerhalb der Weltwirtschaft hineinwächst. In diesem Zusammenhang darf ich noch einmal auf die Zeitanalyse von Rudolf Affemann verweisen, der an die Christen appelliert: Europa hat durch die Wiederbelebung christlicher Werte alle Trümpfe in der Hinterhand, um der globalen Herausforderung Asiens zu begegnen.

Unfähige Manager Gottes in deutschen Kirchen

Von einem wachsenden Interesse an der Christusbotschaft berichtet das evangelische Nachrichtenmagazin »idea-Spektrum« (14/2000). Die chinesische Führung sei in großer Sorge wegen des starken Anwachsens religiöser Aktivitäten in der Volksrepublik. Selbst hohe Kader der Kommunistischen Partei nähmen besonders in Großstädten an christlichen Versammlungen teil. Die staatlich anerkannten Kirchen repräsentieren mit elf Millionen Protestanten und fünf Millionen Katholiken nur eine Minderheit der gesamten chinesischen Christenheit, deren Zahl auf über 60 Millionen geschätzt wird.

Trotz der zahlenmäßig wenigen Christen wächst auf keinem Kontinent der christliche Anteil der Bevölkerung im Vergleich zu andern Weltreligionen so stark wie gerade in Asien.

Außerdem ist bekannt, dass in den so genannten Tigerstaaten wie z. B. Singapur der christliche Anteil zwar nur 20 Prozent ausmacht, aber die meisten Krankenhäuser, Schulen und Wirtschaftsunternehmen von Christen geleitet werden.

In einem christlichen Hotel in Singapur fragte mich ein chinesischer Missionar ernsthaft, ob die aufblühenden jungen Kirchen in Asien nicht die Aufgabe hätten, von Christus begeisterte Asiaten in das heidnische Europa zu entsenden. Es sei ein Schock für viele chinesische Christen in Singapur, dass ausgerechnet das Land der Reformation keine feste Burg mehr gegen den Ansturm des Atheismus sei.

Warum haben die Kirchen in Deutschland versagt?

Unseren protestantischen Kirchen in Deutschland fehlt der missionarische Eifer. Viele kirchliche Manager Gottes scheinen nicht mehr das strategische Konzept ihres himmlischen Chefs zu beherzigen, die Verkündigung der Christusbotschaft in den Mittelpunkt ihrer Arbeit zu stellen. Vielmehr mischen sie sich in politische Angelegenheiten ein, gehen faule Kompromisse ein, wenn es um den Schutz menschlichen Lebens geht, liebäugeln mit dem Zeitgeist, indem sie moralische Grundsätze aufgeben (z.B. Homosexuellenehe zulassen) und die Einzigartigkeit der Christusbotschaft im Unterschied zu andern Weltreligionen verleugnen.

Ich würde liebend gern einmal mit einer Kirchenleitung ein Strategieseminar unter der Fragestellung »Wie soll es eigentlich weitergehen?« veranstalten. Wenn ein Großunternehmen pro Jahr so viele Kunden verlieren würde wie die Landeskirchen und manche Freikirchen Mitglieder, gäbe es eine Krisensitzung nach der andern.

Die Kirche hat ein phantastisches »Produkt«, das sie nur am Anfang richtig »verkauft« hat. Aus unternehmerischer Sicht ist es schlicht dumm, ein wertvolles, attraktives Produkt zu haben und es den Käufern nicht einmal anzubieten.

Gute Verkäufer verkaufen aber immer zunächst sich selbst und dann erst ihr Produkt. Wenn sie natürlich nicht an ihr eigenes Produkt glauben, sollten sie sich eigentlich eine andere Arbeitsstelle besorgen; denn sie schaden ja ihrem Unternehmen. In der Kirche kann man immer noch Pfarrer sein, ohne an die göttliche Inspiration der Bibel oder gar an einen persönlichen Gott zu glauben. Mit einer solchen Unglaubwürdigkeit beginnt ja in der Regel das Dilemma. Es wäre unvorstellbar, dass ein Chemieunternehmen einen Chemiker beschäftigen würde, der nicht an das Periodensystem der Elemente glaubt. Ich würde auch nie einen Wirtschaftsprüfer einstellen, der die Bilanzregeln nicht kennt.

Die Sehnsucht des säkularen Menschen nach Wert- und Orientierungsmaßstäben, nach der Beantwortung der Sinn- und Gottesfrage ist unübersehbar. Warum nehmen die Kirchen diesen Hilfeschrei nicht zur Kenntnis?

Kirchenführer in einer virtuellen Welt

Ich werde hin und wieder gefragt, wie ich die Arbeit der großen etablierten (Staats-) Kirchen beurteile. Manche Kirchengemeinden sind gewiss ein Brief Christi, der von vielen aufmerksam mit großem Gewinn und voller Achtung gelesen wird.

Aber weithin bietet sich mir leider ein anderes Bild. Ich habe diesen negativen Eindruck mal plakativ formuliert – etwas polemisch, aber wohl nicht so weit weg von der Wirklichkeit:

Kirchenführer in einer virtuellen Welt

Sie bieten einen Gott an,
den sie selbst vorher umgebracht haben:
Phantom-Marketing

Sie predigen in der Sprache von gestern
zu Menschen von heute (ca. 80 Prozent Inhaltsverluste)
Sie propagieren Glaubensinhalte,
die für sie selbst nichts mehr bedeuten.

Sie bejahen einen geistlichen Pluralismus,
ohne in dem dadurch entstehenden Wettbewerb
selbst etwas Überzeugendes anzubieten.

Sie beklagen den Verlust ihres früheren
weltanschaulichen Monopols,
obwohl für ihr bewährtes gutes Produkt
immer noch ein großer Markt existiert.

Sie verlieren laufend Marktanteile,
ziehen daraus aber keine Konsequenzen.

Sie leben in einer virtuellen Welt.

Sigmund Freud setzt auf christliche Nächstenliebe

Die beiden großen Kirchen in Deutschland scheinen überwiegend immer noch nicht begriffen zu haben, dass ihre primäre Aufgabe in der Verkündigung der Christusbotschaft besteht. Natürlich soll und muss die Volkskirche einen Dialog mit Parteien und Politikern führen und ihnen einen Raum bieten, um über ihre Sorgen und Nöte sprechen zu können, aus dem dann neue Kräfte erwachsen können. Andersherum kann die Kirche einen Ausgangspunkt für Christen bilden, die aus ihrem Glauben heraus Politik machen wollen.

Aber tagespolitische Auseinandersetzungen und vermeintliche Forderungen des Zeitgeistes gehören nicht in die Kirche. Dietrich Bonhoeffer hat sehr treffend unterschieden zwischen dem »Vorletzten«, mit dem es die Politik und dem »Letzten«, mit dem es der Glaube und die Kirche zu tun haben. Das Letzte ist die Verkündigung der frohen Botschaft, welche die Menschen befreit und sie schützt vor einer sinnlosen Existenz in einer sinnlosen Welt. Karl Barth hat nichts Besonderes darin gesehen, dass die Welt säkular (gottentfremdet) wird: »Wenn aber die Kirche säkular wird, dann geschieht das größte für die Kirche und für die Welt denkbare Unglück.«

Seit dreißig Jahren stehe ich im ständigen Kontakt mit führenden Persönlichkeiten aus Politik, Wirtschaft, Wissenschaft und Kultur. Es ist erstaunlich, wie aufgeschlossen meine oft säkularen Gesprächspartner für die Sinn- und Gottesfrage sind.

Hier ein Beispiel von vielen: Professor Dr. Dr. Horst Eberhard Richter, einer der bekanntesten Psychoanalytiker Europas mit persönlichen Kontakten zum Kreml in Moskau und dem Weißen Haus in Washington, erzählte mir wiederholt von einer aufschlussreichen »geheimen Aktion«. In seiner Funktion als Supervisor und Geburtshelfer lädt er seit 1992 im halbjährlichen Turnus Spitzenpolitiker aus allen Parteien sowie führende Vertreter aus Kultur, Wissenschaft und Kirche zu vertraulichen Gipfelgesprächen an einem geheimen Ort ein. Die eingeladenen hochrangigen Gäste, deren Leibwächter die

Tagungsstätte bewachen, denken mit ihrem Gastgeber über die innere Situation unserer Gesellschaft nach. Was Menschen heute beschäftigt, ängstigt und was sie auch an tiefen Bedürfnissen haben.

»Es wird Sie als Theologe interessieren«, sagte Richter bei unserer letzten Begegnung, »dass wir kürzlich über Religiosität und Gesellschaft gesprochen haben. Ein Außenpolitiker schlug das Thema vor: ›Wozu ist der Mensch da?‹ Mehr kann ich Ihnen nicht verraten, weil wir Stillschweigen vereinbart haben.« Bei dieser Gelegenheit verriet mir Richter, der auch Direktor des Sigmund-Freud-Instituts in Frankfurt ist, dass der militante Atheist und Begründer der Psychoanalyse, Sigmund Freud, am Ende seines Lebens in einem Briefwechsel mit Albert Einstein erstmals positiv vom christlichen Glauben gesprochen habe. Auf die Frage Einsteins, welche Chance er sehe, die Menschheit vor der Selbstzerstörung zu bewahren, verwandte er die Worte »christliche Nächstenliebe«, die sonst in keinem seiner Bücher vorkommen.

Man bedenke: Sigmund Freud, der zeitlebens den christlichen Glauben als Zwangsneurose verworfen hat, sieht in ihm am Ende seines Lebens die einzige Überlebenschance.

Erfolgreiche Überlebensstrategie der ersten Christen

Unser Leitthema beschäftigt sich mit den gesellschaftlichen und wirtschaftlichen Umwälzungen im globalen 21. Jahrhundert. Wenn der Glaube an Christus einen Menschen grundlegend verändert, müsste diese Neuwerdung sich doch auch auf seine Umgebung auswirken. Gehen wir zu den Anfängen des Urchristentums zurück. Jesus erwartet von Menschen, die ihm nachfolgen, ein Licht und Salz in ihrer Gesellschaft zu sein, damit die Welt nicht verdirbt, sondern geschmackvoll wird.

Gerade in unserer Zeit richten manche Historiker ihren Blick zurück in das antike Zeitalter des materiell wohlhabenden, aber dekadenten mächtigen Römischen Reichs. Welches Ansehen hatten die Christen damals inmitten einer heidnischen Umwelt?

Es ist interessant, dass hin und wieder ausgerechnet Journalisten, die dem Christentum nicht gerade wohlwollend gegenüberstehen, in ihrer Hilflosigkeit gegenüber der moralischen und wirtschaftlichen Krise sich auf die positiven gesellschaftlichen Veränderungen der christlichen Lebensführung in früheren Zeiten besinnen.

W. Bittdorf vertrat in einem Essay in »Der Spiegel« (Nr. 15/1980) die Auffassung, eine »äußerst erfolgreiche Überlebensstrategie« hätten die Christen praktiziert:

> *»Die Christen im späten Imperium Romanum erregten Anstoß und Spott mit ihren merkwürdigen Heiligen, ihren strengen Diätvorschriften und wunderlichen Wertvorstellungen … Die Christen ahnten und sahen die Krise nur voraus und stellten sich beizeiten darauf ein. Sie entwickelten eine Ideologie für bescheidene Leute und für bescheidenere Zeiten, eine Ideologie, die dem Seelenheil einen höheren Wert beimaß als dem kaum mehr erreichbaren äußeren Erfolg des Einzelnen. Und siehe da – die neue Moral, die Selbstbescheidung und der Gemeinschaftsgeist der Gefolgsleute des Erlösers erwiesen sich in der bösen Zeit als eine äußerst erfolgreiche Überlebensstrategie. Die Christen waren es, die aus den Wirren der Übergangsepoche als Sieger auftauchten und ganz Europa geistig eroberten.«*

Wird man dieses Prädikat nur den Christen der Spätantike zuerkennen? Oder werden die Christen der Gegenwart die Herausforderungen der Zeit annehmen?

Besonders der letzte Satz hat mich immer wieder beschäftigt: Wäre es nicht noch einmal wieder möglich, dass die Christen Europa geistig erorbern? Und wenn die Christen es nicht tun, wer wird Europa dann geistig erorbern? Die Europäische Union? Die USA?

Das heutige Europa scheint sich vom Christentum zu verabschieden. Diese Befürchtung sprach bereits Oswald Spengler in seinem Buch »Der Untergang des Abendlandes« zu Beginn des 20. Jahrhunderts aus. Auch Spengler verglich die gesellschaftliche Situation mit dem Römischen Imperium. Sein Fazit lautete: Wir leben in einer vom Geld beherrschten Zivilisation, die zum Untergang verdammt ist. Man könne allerdings den unaufhaltsamen Untergang dadurch hinauszögern, dass die Bankiers und Multimillionäre noch mehr Macht bekämen. Denn ein Blick durch seine Brille lehrte, dass sich die Spätantike wahrscheinlich deshalb so lange gehalten hat, weil »das Imperium Romanum ein skrupelloses Geschäftsunternehmen« war.

Während ich diese Gedanken ausspreche, fällt mir ein Zeitungsartikel ein, den ich heute (12. Oktober 2000) gelesen habe unter der Überschrift: »Steht das Ende des christlichen Abendlandes bevor?« Am kommenden Wochenende werden die Regierungschefs der Europäischen Union den Text der EU-Grundrechtscharta beraten. In der Präambel soll »Gott« gestrichen werden und nur noch von einem »spirituellen Erbe Europas«, was immer man darunter verstehen mag, gesprochen werden. Die berühmte Vorgängerin der EU-Charta, die »Magna Charta Libertatum« (Große Urkunde der Freiheit) stand 1215 in Europa am Beginn der modernen Verfassungsentwicklung. In ihr war der Bezug auf Gott noch selbstverständlich.

Christen sind besser dran

Sie plädieren dafür, dass wir die Wertebasis unserer europäischen Kultur, das Christentum, wieder ganz neu ernst nehmen müssen. Andernfalls würden wir in der Zukunft gravierende Schwierigkeiten mit unserer europäischen Kulturidentität haben.

Die wirtschaftlichen Führungskräfte sollten also nicht nur gute Ergebnisse erwirtschaften und unsere Volkswirtschaft am Leben erhalten, sondern auch im christlichen Sinne anderen Orientierung geben. Wie kann das geschehen?

Ich habe in den letzten 40 Jahren in vielen Teilen der Welt selbst persönlich erlebt, wie Menschen sich grundlegend änderten, nachdem sie eine persönliche Glaubensbeziehung zu Jesus Christus aufgenommen hatten und dadurch neue Menschen wurden.

Natürlich fand die christliche Prägung unseres westlichen Kulturkreises in der Vergangenheit durch die Kirchen und ihre verschiedenen Werke statt. Aber die Kirchen erreichen, besonders in unserer Zeit, kaum noch jene Menschen mit der Christusbotschaft, die in dieser Welt wirtschaftliche und politische Führungsverantwortung tragen. Selbst das evangelikale Christentum ist (zumindest in Europa!) gesellschaftspolitisch unbedeutend.

Diese wichtige Missionierung geschah fast ausschließlich durch andere Führungspersönlichkeiten, die selbst Christen geworden waren und dieses faszinierende Know-how (Gewusst-wie) eines neuen, persönlichen Glaubens an andere Kollegen weitergaben, so dass auch diese von Christus begeistert würden. Hier erfüllen die großen Bewegungen christlicher Geschäftsleute und Führungskräfte (wie z. B. die IVCG) wichtige Aufgaben.

Christusglaube als eine erfahrbare Wirklichkeit

Wie können Sie einem Gott entfremdeten Menschen beweisen, dass der persönliche Glaubenskontakt zu Jesus Christus Wirklichkeit ist?

Alle Autoren des Neuen Testamentes bezeugen einmütig: Wir reden von einer erfahrbaren Wirklichkeit. Einer der profiliertesten christlichen Denker des 20. Jahrhunderts war der Engländer C. S. Lewis, der in Oxford einen Lehrstuhl für Literatur und Geschichtsphilosophie hatte. In einem seiner Bücher schreibt er:

> *»Wirklichkeit ist in der Regel etwas, auf das wir nicht selbst gekommen wären. Und das ist einer der maßgeblichen Gründe, weshalb ich dem Christentum glaube. Es ist eine Religion, auf die wir nie selbst gekommen wären. Sie hat genau diesen merkwürdigen, ungewöhnlichen Charakter, der der Wirklichkeit zu Eigen ist.«*

Genau dieser Aspekt von Wirklichkeit kommt mir in den Sinn, wenn ich anfange darüber nachzudenken, warum ich Christ bin. Ich selbst wäre nie auf die Idee gekommen, nach einem solchen Gott zu suchen, der sich uns so darstellt wie der Gott der Bibel: Er kam in der Person dieses Jesus Christus auf die Welt und bezahlte mit seinem eigenen Tod einen so hohen Preis, damit Sie und ich mit Gott wieder in Ordnung kommen können. Das kann keine von Menschen erfundene Idee sein.

Es ist immer wieder diese faszinierende Dimension von Wirklichkeit, die Menschen dazu bringt, sich mit diesem Jesus Christus zu beschäftigen und ihn sogar persönlich als oberste Autorität und Orientierung in ihr Leben aufzunehmen.

Seit Jesus Christus auf dieser Erde war, gibt es ein globales geistliches Netzwerk von Menschen, die sich ganz und gar auf seine Seite geschlagen haben und daraus Energie, Frieden und Lebensorientierung beziehen.

Ein EU-Beamter kämpft gegen Korruption

Dass ein Christ aus seiner Beziehung zu Christus Energie, Frieden und Lebensorientierung bezieht, möchte ich beispielhaft an dem couragierten Verhalten des Niederländers Paul van Buitenen verdeutlichen.

Was er getan hat, ist in seinem Buch »Unbestechlich für Europa« (Brunnen-Verlag) nachzulesen. Der engagierte Christ beschließt als Finanzbeamter bei der Europäischen Kommission in Brüssel zu seiner Überzeugung zu stehen und die Betrügereien der Kommission zur Sprache zu bringen. Sein Vorgehen verursacht einen öffentlichen Skandal und lässt den Beamten zu einer politischen Bedrohung für viele hochrangige Funktionäre werden. Für die Öffentlichkeit dagegen wird Van Buitenen zum Symbol für die Demokratisierung der europäischen Politik.

Seit 1990 war der jetzt 43-jährige Budgetmanager und stellvertretende Rechnungsprüfer bei der Europäischen Union in Brüssel. Nach Aufdeckung des Skandals (1999) wurde er in den Gebäudedienst zwangsversetzt.

Den Leser lässt er ausführlich an den unglaublichen Vorgängen teilhaben und schildert, wie er dank seines Glaubens an Jesus Christus in der Lage war, seinen tapferen, aber mitunter auch einsamen Weg zu gehen. Der Beamte mit Zivilcourage möchte damit zeigen, dass niemand sich blindlings den seltsamen Methoden von großen Organisationen unterwerfen muss. Jeder hat das Recht seinem Gewissen zu folgen, auch wenn Goliath noch so riesig erscheint.

Das »Deutschlandradio« kommentiert: »Van Buitenen ist kein Märtyrertyp, sondern ein Christ mit Zivilcourage. Lakonisch und fast nebenbei erzählt er, wie er durch eine Kollegin zur privaten Bibel-

lektüre kam und ihm ein anglikanischer Priester seelsorgerlich zur Seite stand, was er bei soviel Mobbing am Arbeitsplatz auch nötig hatte.«

Christus als heilsamer Unruhestifter

Mir fällt ein provozierender Ausspruch Jesu ein: »Ich bin gekommen, um ein Feuer auf die Erde zu bringen, und wie sehr wünschte ich, es wäre schon entfacht.« (Lukas 12, 49) Dazu bemerkt der dänische Philosoph Sören Kierkegaard: »Wo jemand Christ geworden ist, wird eine heilsame Unruhe entstehen; denn Christentum ist Brandstiftung.« Der Brandstifter Paul van Buitenen hat ein heilsames, reinigendes Feuer entfacht. Seine mutige Tat hat die Gemüter erhitzt. Die einen haben ihn bewundert und die anderen verdammt. Seine Standhaftigkeit und seine Zivilcourage haben dazu geführt, dass die gesamte erste Europa-Regierung abdanken musste.

Wer es mit Christus zu tun bekommt, kann nicht mehr gleichgültig bleiben.

Worin besteht für Sie die Faszination Jesu im Umgang mit Menschen?

Der Glaube an Christus fordert den ganzen Menschen heraus. Jesus Christus hatte eine bemerkenswerte Art und Weise, mit Menschen umzugehen. Er hat die scheinbar Zufriedenen geplagt und die Geplagten zufrieden gemacht. Er hat den scheinbar Anständigen arg zugesetzt und den Sündern Vergebung zugesprochen. Er hat die scheinbar Gesunden für krank erklärt und die Kranken gesund gemacht. Er hat die scheinbar Sehenden für blind erklärt und die Blinden sehend gemacht. Er hat die selbstgerechten Schriftgelehrten für dumm erklärt und den einfachen Leuten das Reich Gottes erklärt.

Wo immer Jesus einer Menschenmenge gegenüberstand, geschah immer wieder das Gleiche: Er hat polarisiert. Nach kurzer Zeit war die eine Hälfte höchst fasziniert und die andere Hälfte höchst irritiert. Er hat nie harmonisiert. Dadurch brachte er eine dynamische Bewegung in das Denken und Handeln sowohl der Suchenden als auch der Selbstzufriedenen.

Geschenkte Freiheit mit weit reichenden Konsequenzen

Wer sich auf die Christusbotschaft einlässt, spürt, dass er sich nicht mehr neutral verhalten kann. Er muss eine Entscheidung treffen, so oder so. Was christusferne Menschen besonders abhält, sich diesem Jesus von Nazareth anzuschließen, ist die Angst, ihre so genannte Freiheit aufgeben zu müssen.

Ist diese Angst berechtigt?

Die Welt, in der wir leben, ist kein freiheitlicher, neutraler, spannungsloser, herrschaftsloser Raum. Es gibt grundsätzlich zwei Machtpositionen, die für alle Zeit besetzt sind. Es handelt sich hier nicht um Militär- oder Wirtschaftsblöcke, sondern um Himmel und Hölle, um den Machtbereich Gottes und um den Machtbereich seines Widersachers, den die Bibel »Satan« nennt.

Als Mensch habe ich die Entscheidungsalternative, unter welcher Macht ich leben will, biblisch ausgedrückt: unter Gott, dem triumphierenden Sieger, oder Satan, dem schlussendlichen Verlierer. Und diese Entscheidung hat weitreichende Konsequenzen:

Wer sich für Christus entscheidet, entscheidet sich für eine Autorität, die meine Freiheit will. Andernfalls entscheide ich mich für die widergöttliche Macht, die meine Bindung will.

Unsere größten Chancen sind unsere richtigen Entscheidungen.

Ich glaube, dass nur der Gott, der uns geschaffen hat, uns die Freiheit zum Loslassen unserer Sicherheiten von gestern geben kann. Dadurch bekommen wir die Freiheit uns zu ändern und andere zu ändern. Meine Bereitschaft und meine Fähigkeit, mich selbst zu ändern und Änderungen um mich herum anzustoßen, hängt an einer wichtigen Voraussetzung: Ich glaube an einen Gott, der sich nicht ändert und mir dadurch einen festen Halt und eine große Gelassenheit gibt.

Weltweit 8000 Gruppen christlicher Geschäftsleute

Der wohl bedeutendste Zukunftsforscher des 20. Jahrhunderts, Professor Dr. Robert Jungk, ist bekannt geworden durch seine Weltbestseller »Die Zukunft hat schon begonnen«, »Strahlen aus der Asche« und »Der Jahrtausendmensch«. Bereits in den 80er-Jahren sagte mir der jüdische Wissenschaftsjournalist: »Wenn die Menschheit nicht zurückkehrt zu dem Mann von Nazareth und seiner menschenwürdigen Botschaft, sehe ich keine Überlebenschancen.«

Wenn schon ein renommierter jüdischer Zukunftsforscher die revolutionäre Sprengkraft der christlichen Botschaft propagiert, wie viel mehr könnte man von Christen eine Offensive der persönlichen und gesellschaftsverändernden Macht des Evangeliums erwarten.

Welche Aktivitäten sind Ihnen von christlichen Geschäftsleuten bekannt?

Mittlerweile gibt es auf der ganzen Welt mindestens 8000 verschiedene Gruppen christlicher Geschäftsleute, die es sich zur Aufgabe gemacht haben, ihre Kollegen mit Führungsverantwortung mit dem christlichen Glauben bekannt zu machen. Diese größte christliche Laienbewegung hat in der Nachkriegszeit in den Vereinigten Staaten ihren Anfang genommen. Ich selbst arbeite u. a. mit bei der »IVCG«, der Internationalen Vereinigung Christlicher Geschäftsleute.

Lassen Sie mich ein Beispiel erzählen von der ungeheuren Dynamik dieser Arbeit. Im Jahre 1969, zur Zeit der Studentenrevolte, gründete der in Syrien geborene Amerikaner Dr. John Haggai das berühmte Haggai-Institut. Er wollte christliche Führungskräfte aus Asien, Afrika, Mittel- und Südamerika besser ausbilden, um andere Führungskräfte auf diesen drei Erdteilen für das Evangelium zu erreichen. Mittlerweile haben weit über 20.000 Führungskräfte diese Seminare in den beiden Ausbildungszentren Singapur und Hawaii durchlaufen. Jetzt trainieren sie ihrerseits weitere Führungskräfte in 128 Ländern auf fünf Kontinenten: Pastoren, Ärzte, Ingenieure, Manager multinationaler Konzerne, Journalisten, Hochschullehrer und viele andere.

Ein Mann hatte eine Vision und ließ sich von Gott beauftragen, diesen weltweiten Missionsauftrag auszuführen. Meine Frau und ich lernten den 70-jährigen Dr. John Haggai kennen, als er gerade zum 72. Mal um den Globus geflogen war. Dieser außergewöhnliche Mann Gottes, ein Bündel von Energie, Phantasie und Humor, hatte uns zu einem Dinner in Djakarta eingeladen. Wie alle großen Führer hatte er ein Leitthema: »Start from within and begin at the top« (Fang bei dir selbst innen an und dann fang bei den anderen oben an).

Einen starken Gott als »Geschäftspartner«

Für christliche Geschäftsleute ist es ein erhebendes Gefühl zu wissen, dass es weltweit besonders in der Wirtschaft so viele geistliche Aufbrüche gibt. In Deutschland ist es gar nicht so leicht, im Geschäftsleben christliche Flagge zu zeigen. Können Sie ein Mut machendes Beispiel geben, wie Geschäftsleute im Berufsalltag den oft zermürbenden Kampf des Glaubens gewinnen können?

Vor einiger Zeit rief mich im Büro ein junger Mann an und erzählte mir, er sei Manager in einem großen Unternehmen gewesen und habe meinen Vortrag »Christsein im Beruf« gehört. Danach habe er dann so gehandelt und sei gefeuert worden. Natürlich lud ich ihn sofort zu einem Gespräch ein.

Er besuchte mich und erzählte, was sich ereignet hatte. Er war in einem bekannten Büromöbelunternehmen beschäftigt. Als wiedergeborener Christ wollte er einige krumme Methoden der Kundenbetreuung nicht mitmachen und musste daraufhin gehen.

Auf meine Frage, was er jetzt mache, antwortete er: »Ich habe mich neu beworben, ich bin auf dem Markt.« Auf meine Frage, ob er in der Bewerbung den eigentlichen Grund seiner Trennung genannt habe, sagte er: »Ja«. In seiner Bewerbung stand u. a.:

»Es zeigte sich jedoch, dass die Firmenleitung geschäftliches Vorgehen von mir verlangte, welches im krassen Widerspruch zu meiner Auffassung von Geschäftsethik stand, so dass mir keine andere Wahl gelassen wurde, als mein Dienstverhältnis zu beenden.
Mein erfolgreiches Bestreben war und ist, stets mit Gespür, Engagement und Qualität Kunden zu überzeugen und ihnen als gradliniger und korrekter Gesprächspartner gegenüberzu-

treten. Dies sehe ich auch als Basis für meine zukünftige Tätigkeit.«

Einige Zeit später rief er mich wieder an und sagte: »Ich habe einen viel besseren Job als vorher, habe viel mehr Verantwortung und verdiene auch mehr Geld.«

Dieser junge Mann war in einem starken Gott verankert. Deshalb konnte er sich auch einem rauen Wind aussetzen. In »Management-Deutsch« übersetzt würde das heißen: Weil sein Selbstwert höher war als sein Buchwert, testete er seinen wirklichen Marktwert – und gewann, weil er seinen Selbstwert von Gott bezog.

»Was der Mensch sät, das wird er ernten«

Während Sie diese Geschichte erzählen, werde ich an meine kaufmännische Lehre in der damals boomenden Metallbranche Ende der 50er-Jahre erinnert. Mein Chef war innerhalb kurzer Zeit mehrfacher Millionär geworden und wollte mich als erfolgreichen Mitarbeiter aufbauen. Bereits im zweiten Lehrjahr nahm er mich mit auf Geschäftsreisen in seinem extravaganten Mercedes und versuchte mir seine verlogene Geschäftsmoral einzutrichtern: »Wenn Sie ein erfolgreicher Kaufmann werden wollen, müssen Sie die Kunden hinters Licht führen.«

In dieser Zeit bekehrte ich mich zu Jesus Christus und wollte fortan nach seinen humanen Grundsätzen leben. Deshalb stieß mein Chef bei mir auf erbitterten Widerstand. Schließlich stellte er seine bösartigen Angriffe ein und schickte mich im dritten Lehrjahr ganz allein auf Geschäftsreisen. Wider Erwarten brachten mir die neu gewonnenen Kunden großes Vertrauen entgegen, und ich konnte mit ihnen gute Geschäfte abschließen. Für meinen Chef brach eine kleine

Welt zusammen, und er erkundigte sich hinter meinem Rücken bei meinen Geschäftspartnern, wo mein Erfolgsgeheimnis zu suchen sei. Es sei ganz einfach, sagten sie: »Wir haben volles Vertrauen zu Ihrem Mitarbeiter.«

Ein Jahr später fragte mich mein Prokurist, der sich selbstständig machen wollte, ob ich sein Kompagnon werden wollte. Zu diesem Zeitpunkt hatte ich mich bereits entschieden, meinen kaufmännischen Beruf aufzugeben und Theologie zu studieren.

Drei Jahre später bekam ich als Theologiestudent einen Aufsehen erregenden Zeitungsartikel zugeschickt mit der Überschrift: »Steuerhinterziehung in Millionenhöhe in einem großen Wirtschaftsunternehmen«. Wie sagte doch der Straftäter: »Wenn Sie ein erfolgreicher Kaufmann werden wollen, müssen Sie die Kunden hinters Licht führen.« »Was der Mensch sät, das wird er ernten.«

Meine Lebens- und Glaubensbilanz

Es gibt noch viel zu tun

Im Jahr 2000 sind Sie 70 Jahre alt geworden. Auf mich wirken Sie wie ein unternehmungsfreudiger, dynamischer Manager im besten Alter. Mit 63 Jahren haben Sie sich offiziell pensionieren lassen. Was haben Sie in den letzten sieben Jahren getan?

Den größten Teil meines Lebens habe ich beim Chemiekonzern BASF verbracht, zehn Jahre davon in den USA als Vizepräsident der BASF Corporation. Zuletzt war ich Generaldirektor der BASF in Österreich und bin 1993 in Pension gegangen. Noch während meiner Tätigkeit bekam ich ein Angebot, den Vorstandsvorsitz des größten in Privatbesitz befindlichen österreichischen Industrieunternehmens zu übernehmen, das ca. zwei Milliarden DM Jahresumsatz machte.

Noch vor Beginn meiner neuen Aufgabe fand ich mich wieder mal in einer Art Grenzgänger-Situation. Während der letzten Zeit bei der BASF Österreich hatte ich einer Journalistin des bekannten österreichischen Wirtschaftsmagazins TREND ein Interview gegeben. Sie wollte wissen, wie ich meinen BASF-Job abschließend beurteile und wie ich im Alter von 63 Jahren noch ein so hoch dotiertes Angebot bekommen hätte. Dabei unterhielten wir uns auch über meinen christlichen Glauben. Später erschien dann unser Gespräch als Artikel mit der Überschrift »Gottes guter Kapitalist« und zwar gerade an dem Tag, als mein neuer Vorstandsvertrag unterschrieben werden sollte. Auf dem Schreibtisch des Firmeninhabers lag mein Interview, in dem ich unter anderem auch als »Wanderprediger« beschrieben wurde, zusammen mit meinen Kommentaren über meine persönliche Hinkehr zu Jesus Christus. Noch nie zuvor war ein Topmanager öffentlich so »religiös« dargestellt worden. Auch das hier war eine Grenzsituation. Aber auch jetzt wieder mit der gleichen Erfahrung, die ich so oft in meinem Leben machen konnte: Wer sich an Gott festhält, den lässt er nicht fallen. Ich bekam den Vertrag.

Meine Erfolgstipps für den Berufsalltag

Wenn Sie auf Ihr arbeitsreiches Leben als Manager zurückblicken, haben Sie sich sicher im Laufe der Jahre manche Techniken und Lebensweisheiten angeeignet, die junge aufstrebende Führungskräfte — und nicht nur sie — gern übernehmen würden.

Verraten Sie einige Tipps?

Was meinen Umgang mit Menschen im Unternehmen betrifft, habe ich – leider viel zu spät – gelernt, Mitarbeiter zu ermutigen. Mit Komplimenten ist es nicht getan. Vielmehr kommt es darauf an, gezielt auf konkrete Situationen einzugehen wie z. B.: »Was Sie da gezeigt haben, beweist mir, welche Entfaltungsmöglichkeiten in Ihnen stecken.« Ermutigung anderer ist ein wichtiges Erfolgskriterium.

Ferner habe ich gelernt, auch mit Misserfolg umzugehen, ohne gleich aus dem Rennen aussteigen zu wollen.

Frühzeitig habe ich mich bemüht, Netzstrukturen aufzubauen: viele Kontakte zu haben und sie auch untereinander zu vernetzen.

Heute lernen wir alle, dass Hierarchien »out« und Netze »in« sind. Geahnt haben wir das schon lange, aber nie umgesetzt. Bisher meinten wir immer, eine größere Menschengruppe könne nur dann produktiv sein, wenn ein Boss an der Spitze stünde.

Extrem wichtig ist, »lange Antennen« zu haben: Möglichst viel aufzunehmen, was um mich herum passiert. Ein entscheidender Aspekt guter Führung ist Neugier: Intelligenz beginnt mit Neugier. Lernen beginnt mit Neugier. Und ohne Lernen passiert im Leben überhaupt nichts.

In meinem Leben habe ich unendlich viel gelesen. Ich beherrsche die Kunst des diagonalen Lesens. Wenn ich mit dem Flugzeug unterwegs bin, lese ich unterwegs alle wichtigen deutschen und englischen Zeitungen und Fachzeitschriften, um herauszufinden, welche wichtigen Artikel ich mit nach Hause nehme. In meinem Arbeitsraum sammeln sich Berge von Papier. Und wenn ich dann noch die Fähigkeit besitze, all die gesammelten Aufsätze und Berichte nach Sachgebieten zu ordnen, um sie jederzeit wiederzufinden, dann bin ich gut informiert.

Was das Reden angeht, bereite ich mich sehr intensiv auf Themen vor. Dabei achte ich sorgfältig darauf, mir das jeweilige Thema auch geistig anzueignen; denn man kann nur glaubhaft etwas weitergeben, was man sich vorher persönlich angeeignet hat. Der Aneignungsprozess wird mir allerdings nur dann gelingen, wenn ich von der Sache überzeugt bin.

Wenn ich das Haus verlasse, habe ich immer Papier und Kugelschreiber griffbereit; denn viele Gedanken, die plötzlich kommen, sind im nächsten Augenblick wieder verschwunden und nie wieder einholbar, wenn ich sie nicht sofort festhalte. Berge von Schmierzetteln würden Sie bei mir finden.

Ganz wichtig ist die Balance zwischen Beruf und Familie. Wenn im Geschäft alles super läuft und zu Hause alles den Bach heruntergeht, dann habe ich nur einen halben Erfolg oder bin ein halber Versager. Aber ich möchte gern als ganzer Mensch am Ziel ankommen. Bei dieser Balance hat mir meine Frau entscheidend geholfen.

Was ich von einem RAF-Terroristen gelernt habe

Sie mögen erstaunt sein, aber gelernt habe ich auch von Terroristen. Ich erinnere mich an eine aggressive Begegnung mit einer »Straßenkämpferin« in Berlin. Ihre Idole waren China und Albanien, ihre Todfeinde waren ausbeutende Unternehmer. Wie sind uns geistig nicht einen Zentimeter näher gekommen, als wir uns trennten, ging jeder in seine Welt zurück. Einer meiner Freunde war einer der wichtigen Mitspieler der RAF, der auch bei dem feigen Mordanschlag dabei war, als der Vorstandsvorsitzende der Deutschen Bank, Alfred Herrhausen, ermordet wurde. Er lebt heute anonym und hat sich innerlich ganz und gar von dem distanziert, was damals geschah. Auch der Staat hat mit ihm abgerechnet.

Ich habe ihn gefragt: »Musste dieser Mord geschehen?« Und er antwortete: »Das verstehst du nicht! Wir hatten nicht mehr alle Zeit der Welt!«

Das habe ich von ihm gelernt: »Wir hatten nicht mehr alle Zeit der Welt.« Diesen Satz habe ich nie von Christen gehört.

Alfred Herrhausen hat einmal gesagt: »Die meisten Probleme beginnen damit, dass wir die Dinge nicht zu Ende denken.« Diesen Satz habe ich mir eingeprägt, er gilt für unendlich viele Dinge in unserem Leben. Wie viele Probleme entstehen, weil wir die Dinge nicht zu Ende denken. Das gilt auch für unsere Beziehung zu unserem Schöpfer.

Ich möchte noch ein anderes bedenkenswertes Wort von Alfred Herrhausen weitergeben: »Wir müssen das, was wir denken, auch sagen. Wir müssen das, was wir sagen, auch tun. Und wir müssen das, was wir tun, auch sein.«

Der Mann im Spiegel

Wer einen herausragenden Beruf hat und viel Verantwortung übernehmen muss, macht seine Hände manchmal schmutzig. In diesem Zusammenhang hat Martin Luther mal gesagt: Es gibt kein reines, sondern nur ein getröstetes Gewissen.

Wie sind Sie mit dem Problem des Schuldigwerdens und der Vergebung im Laufe Ihrer Berufskarriere fertig geworden?

Hier entsteht eine ungeheure Herausforderung, insbesondere für christliche Führungskräfte. Wir wollen uns immer besser machen, als wir in Wirklichkeit sind. Sich selbst und andere nicht zu belügen, ist eine Lebenskunst, die wir einüben müssen. In einem Managerbuch habe ich mal ein kleines Gedicht von Dale Wimbrow gefunden, das ich Ihnen nicht vorenthalten möchte:

»Wenn du hast, was du willst im Kampf um dich selbst,
und die Welt dich für einen Tag zum König macht,
so stell dich vor den Spiegel und schau dich dort an,
und sieh, was der Mensch dir zu sagen hat.

Es ist weder dein Vater, deine Mutter, noch deine Frau,
vor deren Urteil du bestehen musst.
Der Mensch, dessen Meinung für dich am meisten zählt,
ist der, der dich aus dem Spiegel anschaut.

Einige Menschen halten dich für entschlossen und aufrecht
und nennen dich einen wundervollen Kerl.
Doch der Mann im Spiegel nennt dich einen Strolch,
wenn du ihm nicht offen in die Augen sehen kannst.

Auf ihn kommt es an, kümmere dich nicht um den Rest,
denn er ist bis ans Ende bei dir.
Du hast die schwierigste Prüfung bestanden,
wenn der Mann im Spiegel dein Freund ist.

Auf dem ganzen Lebensweg kannst du die Welt betrügen
und dir anerkennend auf die Schulter klopfen lassen;

doch dein Lohn werden Kummer und Tränen sein,
wenn du den Mann im Spiegel betrogen hast.«

(Kenneth Blanchard, Norman Vincent Peale: Positiv führen, Ohne krumme Touren zum Erfolg, 1988 Oesch Verlag, S. 70/71.

Diesen Text habe ich als verkleinerte Ausgabe in meinem Terminkalender. Wenn ich einen anderen Menschen testen will, ob ich ihm etwas zumuten kann, dann lasse ich ihn dieses Gedicht lesen.

Wenn ich ihn anschließend frage, ob er sich abends im Spiegel anschauen kann und er locker »Ja« sagt, dann schreibe ich ihn in der Regel ab. Entweder hatte er sich selbst belogen oder bisher keinen herausfordernden Beruf gehabt.

In einem herausfordernden Beruf können Sie sich abends im Spiegel nicht immer unbeschwert anschauen.

Noch ein weiterer wichtiger Aspekt:

Auf die Frage nach dem wichtigsten Gebot antwortet Jesus: »Liebe Gott und (dann) liebe deinen Nächsten wie dich selbst.« Interessant ist die Reihenfolge: Zunächst muss ich die Liebe an Gott üben, dann an mir selber und erst dann an dem andern.

Ähnlich ist es mit der Vergebung: Wenn ich mir selbst n vergeben kann, dann kann ich anderen Menschen auch n vergeben. Grund: Weil ich die Vergebung von Gott nie erfahren habe.

Der Umgang mit sich selbst ist immer der schwierigste. Mir geht es jedenfalls so. Wenn ich etwas vermurkst hatte, konnte ich mir selbst am wenigsten verzeihen. Wenn ich aber in dieser Situation zu Gott gehe und seine Vergebung erfahre, dann kann ich mir auch selbst vergeben.

Der Aufhänger für meinen Weg zu Gott war Schuld

Das Schuldproblem wird in unserer säkularisierten Gesellschaft weithin verdrängt. Kürzlich sagte mir der bekannte Psychoanalytiker Professor Dr. Horst-Eberhard Richter: »Wer seine Schuld verdrängt, braucht einen Sündenbock, auf den er seine unvergebene Schuld projizieren kann.« Einfacher ausgedrückt: Wer mit sich selbst nicht fertig wird, macht andere fertig.

Das verdrängte Schuldproblem lässt den heutigen Menschen nicht mehr fragen wie zu Luthers Zeiten : »Wie bekomme ich einen gnädigen Gott?«, sondern »Worin besteht der Sinn meines Lebens?«

Was hat Sie zu Gott gebracht?

Ich stamme aus keinem frommen Elternhaus und habe mich früher nie mit religiösen Fragen beschäftigt. Am Ende meines Studiums an der Hochschule trat dann der lebendige Gott in mein Leben. Der Aufhänger war Schuld, die ich nicht wieder gutmachen konnte. Eines Tages befiel mich die Frage, die ich einfach nicht mehr abschütteln konnte: Wenn ich jetzt sterben müsste und vor meinem Schöpfer stehen würde, könnte er mich ja fragen, was ich aus meinem Leben gemacht habe, das er mir gegeben hat. Darauf hätte ich dann keine Antwort gehabt. Diese Frage hakte sich bei mir mit einem Widerhaken fest. Ich konnte darauf keine Antwort geben, weil ich meine Lebensplanung ohne den lebendigen Gott gemacht hatte. Bisher hatte ich existiert, aber nicht gelebt. Ich musste bei dieser erstmaligen Begegnung mit Gott erkennen, dass ich der alles entscheidenden Frage nach dem letzten Ziel meines Lebens bisher ausgewichen war. Bis zu diesem Zeitpunkt hatte ich eine Art Fertigkeit entwickelt, alle mich bedrängenden Fragen zu relativieren, mich sogar darüber lustig zu machen, sie zynisch aufzulösen oder zu verdrängen. Ich war sogar stolz auf diese Fähigkeit.

Aber wenn Sie einer fragt, dem Sie Antwort geben müssen, dann sieht die ganze Sache schon ganz anders aus. Bei mir war es eine Art innere Stimme, die letztlich meinen kritischen und defensiv rebellierenden Geist überzeugte, dass hier Gott sprach, dem ich meine Existenz zu verdanken hatte und dem ich Rechenschaft schuldig bin über das mir anvertraute Leben.

Wer Gott begegnet, ist nie mehr derselbe wie vor dieser Begegnung. Und es war Jesus Christus, der eine entsprechende Wendung in mein Leben brachte und mir meine Schuld vergab.

An der Person Jesu Christi entzündete sich meine innere Bereitschaft, dieser Überzeugung und diesem neuen Vertrauen Raum zu geben.

Einer nahm mich bedingungslos an

In der Dunkelheit Ihres bisherigen schuldbeladenen Lebens leuchtete Ihnen plötzlich ein Licht auf. Dabei werde ich an einen Ausspruch des bedeutenden Naturwissenschaftlers Albert Einstein erin-

nert: »Es gibt nur eine Stelle, wo es kein Dunkel gibt, und das ist Jesus Christus.«

Der Glaube an Jesus zieht sich wie ein roter Faden durch Ihr Leben. Was hat Sie letztlich veranlasst, sich auf diesen Jesus von Nazareth einzulassen?

Wer das Neue Testament in die Hand nimmt und anfängt, das Matthäus-, Markus-, Lukas- oder Johannes-Evangelium zu lesen, wird mit der aufregenden Geschichte des Jesus von Nazareth konfrontiert. Er lebte vor zweitausend Jahren in einer kleinen, schäbigen Provinz in Galiläa am Rande des Römischen Reiches. Wie er mit Menschen und mit der Schöpfung umging, wie selbstverständlich er mit seinem Vater im Himmel redete und Wunder vollbrachte, das ist schon außerordentlich bemerkenswert. Wer ihm begegnete, konnte ihm gegenüber nicht gleichgültig bleiben; denn er passte nicht in das damalige Gesellschaftssystem und kam aus einer andern Welt. Er war einerseits ein Mensch wie Sie und ich, und doch war er ganz anders. Ihn zeichnete eine bemerkenswerte Kombination aus: »beinhart« auf der einen und »unendlich barmherzig« auf der andern Seite.

Zu seinen zwölf Jüngern, die einfache Männer waren, sagte er: »Ich lebe, und ihr sollt auch leben.« Und sie haben ihn nicht mehr verlassen. Als ich mich auf ihn einließ, kam ich auch nicht mehr von ihm los; denn ich machte eine wunderbare Erfahrung: Christus stillte meine unbefriedigte Sehnsucht nach einem bedingungslosen Angenommensein und wirklichem Geborgensein.

Ein Mensch, der sich von einem starken und zugleich barmherzigen Gott angenommen und bei ihm geborgen weiß, kann sich jetzt auch selbst annehmen; denn gerade sich selbst anzunehmen, ist für Menschen, die sich selbst und andern viel abfordern müssen, unendlich schwierig. Jeder Psychotherapeut weiß, dass ein Mensch, der sich selbst nicht annehmen kann, schlussendlich auch andere nicht annehmen kann.

Gott akzeptiert mich mit meinen Begrenzungen

Der Gott, der mich annimmt und stärker ist als ich selbst, gibt mir auch Sinn. Aber er fragt nicht nach meiner Brauchbarkeit und meinem Nutzen wie überall im Berufsalltag. Nein, dieser Stärkere fragt nach dem Wert meines Lebens, den sich eigentlich nur Liebende einander zueignen können.

Wie alle anderen Menschen habe ich eine deprimierende Monotonie des immer wieder an der gleichen Stelle Versagens erlebt. Innerlich habe ich mich aufgebäumt gegen meine Schwächen, bis ich eines Tages begreifen lernte: Dieser Christus hat mich mit meinen Begrenzungen geschaffen und akzeptiert mich deshalb auch mit meinen Grenzen.

Und meine Grenzen helfen mir, auch die Grenzen z. B. meiner Mitarbeiter zu verstehen und anzunehmen. Dadurch bin ich geduldiger und barmherziger geworden. Irgendwann einmal floss mir von Gott neue Energie zu, meine eigenen Grenzen und die Grenzen anderer anzunehmen.

Liebenswürdige Menschen haben mich geprägt

Der Glaube an diesen bedingungslos liebenden Gott fällt ja nicht vom Himmel. Gott hat sein Bodenpersonal oder wie Paulus sagt: »Botschafter an Christi Statt«. Was waren das für Menschen, die Sie in Ihrem Glauben an Christus gestärkt haben?

Am meisten haben mich Christen fasziniert, die mir eine Art bedingungsloser Liebe entgegenbrachten, obwohl sie mich nicht näher kannten. Sie begegneten mir großzügig und ohne Misstrauen. Ein typisches Beispiel war der amerikanische Evangelist und Buchautor Larry Christenson, der meine Frau und mich zu sich nach Hause in Kalifornien eingeladen hatte. Zum Abschied sollten wir uns ein Gastgeschenk aussuchen: »Schaut euch in unserem Haus um und nehmt irgendetwas mit, was euch besonders gut gefällt.« Wir haben natürlich nichts Wertvolles mitgenommen, sondern nur eine bestimmte Schallplatte.

Hier trat uns zum ersten Mal Liebe in Gestalt von Freiheit gegenüber. Das war für mich ein umwerfendes Erlebnis. Dieser Korrelation von Liebe und Freiheit bin ich immer wieder begegnet, natürlich auch dem Gegenteil: Ablehnung und Unfreiheit.

Am Anfang meines Lebens mit Christus habe ich oft Christen getroffen, deren Namen ich gar nicht kannte. Ich spürte aber einfach in ihrer Gegenwart eine Art von Reinheit, die mich davon abhielt, in ihrem Beisein schlechte Witze zu erzählen. Alles an ihnen war anders: Ihre Art, sich zu verhalten, zu denken, zu reden und sogar einem andern die Hand zu geben. Und ich dachte im Stillen: So einer möchte ich auch sein.

Wenn ich manchmal leidgeprüfte Menschen erlebe, wie sie ihre Schicksalsschläge meistern, stelle ich mir automatisch die Frage: Wie würdest du eine solche Ausnahmesituation überstehen?

Wenn ich z. B. in einem voll besetzten Restaurant einer älteren Kellnerin zuschaue, die auch sehr spät abends immer noch ihre Kunden freundlich und lächelnd bedient, dann frage ich mich: Würdest du das auch schaffen?

Vielen dieser Menschen werde ich deutlich den Vortritt im Himmel lassen; sie sind mir meilenweit voraus. Diese oft einfachen Menschen zeichnen sich nicht durch spektakuläre Taten aus. Aber sie sind authentisch und glaubwürdig in dem, was sie tun und sagen und wie sie ihr Leben leben. Ich kann dann nur immer wieder Gott danken, dass er mir solche Anschauungsbeispiele in den Weg stellt.

Christus im Elendsviertel von New York

Auch ich muss gestehen, dass mich solche einfachen Menschen, die ihre alltäglichen, oft unerträglichen Pflichten und Lasten mit einer erstaunlichen Selbstverständlichkeit auf sich nehmen, verständlicherweise mehr geprägt haben als die Großen dieser Welt.

In meinen Gesprächen mit »Menschen ganz oben«, zu denen mich übrigens die »Menschen ganz unten« animiert haben, fällt mir immer wieder auf, dass gerade die so genannten Prominenten entscheidende Weichenstellungen in ihrem Leben glaubwürdigen Menschen zu verdanken haben, deren Worte und Taten übereinstimmen, die nicht nur verdienen, sondern ihrem Nächsten dienen wollen.

Mein erster prominenter Interviewpartner war der ehemalige Bundespräsident Gustav Heinemann, der wegen seiner Authentizität besonders von jungen Leuten sehr geschätzt wurde. Mein Interview mit ihm erregte in den 70er-Jahren in der deutschen Öffentlichkeit erhebliches Aufsehen, weil Heinemann u. a. bekannte, dass Jesus für ihn der Weg, die Wahrheit und das Leben sei. Auf meine Frage, wie er zum Glauben gekommen sei, antwortete er: »Durch die Predigt und den Umgang mit Pfarrer Gräber in Essen. Gräber konnte nicht nur predigen, dass die Fetzen flogen. Er konnte auch einer Kuh beistehen, die Blähungen hatte. Er konnte nicht nur Gottesdienste halten, sondern auch bedürftige Bauern ansiedeln und kranke Kumpels verarzten.«

Auch mich haben Menschen geprägt, deren Alltagsleben mit ihrem Christusbekenntnis identisch war. Es waren vor allem die ganz unten,

die im wahrsten Sinne des Wortes eine »Totenauferstehung« erlebt hatten — wie der verlorene Sohn.

Einer von ihnen heißt Reiner Ewers, der Exboss einer Jugendbande aus dem Ruhrpott. Heute betreut »Olly«, wie seine Freunde ihn nennen, in einer renovierten Burgruine bei Amberg austherapierte »Penner«, Alkohol- und Drogensüchtige, um die sich sonst niemand mehr kümmert. Wie der heil machende Christusglaube diese hoffnungslosen und aus der Gesellschaft ausgestoßenen, bejammernswerten Gestalten zu neuem Leben erweckt, das ist für mich eine beglückende Erfahrung.

In dieser Gemeinschaft habe ich Trost und Kraft erfahren — nach einer niederschmetternden Krankheitsdiagnose meines Arztes vor einigen Jahren.

Ich kann Ihnen eine ähnliche Geschichte erzählen. In der Bowery, der Armutsstraße von New York, die in Midtown Manhattan beginnt und unten in Chinatown endet, habe ich meine interessantesten Predigten gehalten. Am Rande dieser Elendsstraße liegt die »Bowery-Mission«, eine kleine Kirche mit ca. 80 Sitzplätzen. Jeden Tag finden hier mehrere Gottesdienste statt. Die Gegend ist bevölkert meist von heruntergekommenen Farbigen und Weißen, die als Betrunkene, Drogensüchtige, Dealer oder Huren in den Hauseingängen und Straßenecken herumhängen. Asiaten findet man in dieser Gruppe in der Regel nicht. Sie besitzen wohl mehr Selbstdisziplin. Wer abends zum Gottesdienst kommt, kann duschen und bekommt ein Bett für die Nacht. Diese Mission leitet ein englischer Pfarrer. Wir wurden Freunde.

»Wann immer du in New York bist, kannst du abends die Andacht halten«, sagte er mir. Nach meiner ersten Predigt in seiner Kirche las er mir die Leviten: »Du hast viel zu kompliziert gesprochen; denn deine Hörer haben ihren Verstand versoffen. Nur kurze Sätze, keine Fremdwörter und zum Schluss alles, was dir besonders wichtig ist, zusammenschnüren und zu Christus einladen.«

Am Ende des Gottesdienstes werden die Leute zur Bekehrung aufgerufen. Wer dieser Einladung folgt, kniet vorn im Altarraum nieder. Der Prediger umarmt ihn oder sie, und sie beten zusammen. Ich musste mich beim ersten Mal überwinden. Haben Sie schon mal einen Menschen drei oder vier Minuten lang umarmt, der sich vielleicht zwei oder drei Jahre nicht mehr gewaschen hat und wie der dreckigste Hund von Kalkutta riecht?

Ich habe einmal mit einem Mann gebetet, der vorher einer der Direktoren von General Motors gewesen war und später aus der Bahn geworfen wurde. Auch sprach ich mit einem anderen Mann, der in der Bowery-Mission mitarbeitete und der mir durch sein ausgezeichnetes Englisch auffiel. »Welchen Beruf übten Sie aus, bevor Sie in die Bowery kamen?«, fragte ich ihn. »Ich habe in Theologie promoviert und war Pfarrer an einer der bekanntesten Großkirchen in New York«, sagte der Theologe, der sich seit zwei Jahren hier aufhielt. »Eines Tages gab es ein furchtbares Unglück in meinem Leben: Ich habe meine Frau und meine beiden Töchter verloren. Das habe ich nicht gepackt und Gott Vorwürfe gemacht. Dann ging es mit mir bergab, und ich bin schließlich hier gelandet. Ich habe hier über zwei Jahre lang auf der Straße gelebt und war ganz, ganz unten. Aber in dieser Kirche habe ich Gott wieder gefunden und möchte hier bleiben, bis ich sterbe.«

Für Gott ist kein Opfer zu groß

Eines Abends predigte hier ein etwa 25-jähriger junger Mann mit einer solchen Intensität, wie ich es nie zuvor erlebt hatte. Mit der aufgeschlagenen Bibel und mit Tränen in den Augen flehte er die dreckigen Männer an, ihr kaputtes Leben Jesus zu übergeben, damit er es neu machen könne.

Hinterher haben wir uns in einer kleinen Teeküche getroffen, und ich habe ihn gefragt: »Wo haben Sie so predigen gelernt?« Dann hat er mir seine Geschichte erzählt: »Ich stamme aus einer Trinkerfamilie. Jeden Abend war mein Vater betrunken, zerschlug das Mobiliar und verprügelte meine Mutter. Eines Nachts hat er sich selber dabei umgebracht. Meine Mutter lebt heute in der Bowery, sie ist eine Hure und schläft mit jedem Mann für einen Drink.

Wenn ich hier mal im Gottesdienst predige, stelle ich mir vor, dass meine Mutter dabei ist. Und ich predige deshalb so intensiv, weil ich mir heute schon in Gedanken vorstelle, dass meine Mutter hier ist und ich ihr helfen darf, zu Jesus zu finden.«

In solchen Augenblicken werde ich daran erinnert, dass Gott einigen Menschen viel zumutet. Die Bibel ist voll von derartigen Geschichten. Es bleiben viele Fragen offen. Manchmal mutet Gott seinen Leuten viel zu, weil er ihnen viel zutraut.

An diesem Abend in New York habe ich Gott gefragt: Herr, war es notwendig, dass dieser junge Mann in jeder Predigt sein ganzes Herzblut ausschütten muss in der Hoffnung, irgendwann einmal seiner Mutter in der Bowery-Mission zu begegnen und sie von Christus zu überzeugen? Mutest du ihm nicht zu viel zu? Dann wurde mir aber plötzlich klar, dass Gott seinen eigenen Sohn noch mehr zugemutet hat, um mich zu retten.

Ich weiß nicht, wie der junge Prediger hieß, aber ich werde ihn nie vergessen. Seine Liebe zu Christus und zu seiner Mutter ist mir unter die Haut gegangen.

Teen Challenge — ein göttliches Machtzentrum in Brooklyn

Menschen, die sich auf die christliche Erlösungsbotschaft einlassen, sind wie elektrisiert von dem Kraftstrom der Liebe Gottes. Es war auch in New York, nicht in der Bowery, sondern in Brooklyn, einem andern Elendsviertel dieser schillernden Weltstadt. Hier befindet sich das Teen-Challenge-Zentrum. Eine christliche Oase inmitten einer trostlosen Ruinenlandschaft. Hier haben u. a. wohl Tausende von Heroinsüchtigen Zuflucht gefunden und die Sprengkraft des Heiligen Geistes erlebt, der sie aus dem todbringenden Teufelskreis befreit hat. Die amerikanische Regierung war so beeindruckt von dieser christlichen Drogentherapie-Einrichtung »Teen Challenge« und ihren Rehabilitationsfarmen im ganzen Land, dass sie eine Million Dollar zur Verfügung stellte, um u. a. folgende Fragen »wissenschaftlich« zu beantworten: Wo liegt das Erfolgsgeheimnis der Therapie durch den Heiligen Geist? Warum sind von den 5000 geheilten Heroinsüchtigen so gut wie keine Rückfälle zu beobachten (die Rückfallquote in Kliniken und andern staatlichen Einrichtungen beträgt etwa 95 Prozent)? Wie kommt es, dass die Mehrzahl der zu Christus bekehrten ehemaligen Fixer in den Rehabilitationszentren von Teen Challenge jetzt als Mitarbeiter tätig sind?

Aufmerksam geworden bin ich auf »Teen Challenge« bereits Ende der 60er-Jahre durch das aufrüttelnde Buch seines Gründers David Wilkerson unter dem Titel »Das Kreuz und die Messerhelden«. Ich war damals schon Christ, als ich ihm persönlich begegnete und seine Arbeit unter den Gangstern und Dealern in New York kennen lernte. Aber zum ersten Mal erlebte ich hier hautnah die geballte Kraft der unbegrenzten göttlichen Liebe so massiv, dass ich mit der Gewissheit wieder nach Europa zurückflog: »Alle Dinge sind möglich dem, der an Christus glaubt.«

David Wilkerson gilt als einer der bahnbrechenden Pioniere der so genannten Charismatischen Bewegung. Welche Erfahrung haben Sie bei Ihren weltweiten Kontakten mit dieser Erneuerungsbewegung

gemacht, die nach statistischen Berechnungen renommierter Kirchenhistoriker in den letzten 40 Jahren auf nahezu 400 Millionen Glieder gewachsen ist?

Ich habe Gott lieben gelernt

Mir fällt dazu zweierlei ein. Erstens: In einer Zeit der Kraft- und Energielosigkeit erfahren Menschen, die um die Erfüllung mit dem Heiligen Geist beten, einen ungeahnten Kraftzuwachs, der auch als Motivationsschub zu verstärkten missionarischen Aktionen führt. Zweitens: Daraus ist das elementare Bedürfnis der vermehrten Anbetung Gottes erwachsen. Der Lobpreis ist das Herzstück der charismatischen Gottesdienste in aller Welt.

Als Christ bin ich von vielen geistlichen Strömungen geprägt worden. Bei meiner Bekehrung standen evangelikale Christen Pate. Von ihnen habe ich gelernt, dass die Wahrheit nicht debattierfähig ist. Amerikanische Christen haben mich gelehrt, öffentlich über meinen Glauben zu reden. Das kann man hier in Europa nicht lernen. Und bei den Charismatikern habe ich Liebe zu Gott kennen gelernt.

Ich erinnere mich noch ganz genau. Es war Ende der 60er-Jahre in North Carolina. Meine Frau und ich waren bei einer Familie eingeladen; es war eine Kombination von Bibelstunde und gesellschaftlichem Zusammensein. Dort lernte ich David du Plessis kennen, der weltweit als »Mr. Pentecost« bekannt ist, ein älterer liebenswürdiger Herr, der geistlich viel bewegt hat. Wir saßen nebeneinander. Unvermittelt fragte er mich: »Do you love God?«

Ich war ziemlich verdutzt und sagte: »Ich glaube an ihn.« Er antwortete: »Danach habe ich Sie nicht gefragt. Meine Frage war: Lieben Sie Gott?« Nach einigem Nachdenken musste ich das verneinen. »Wollen Sie lernen, ihn zu lieben?«, fragte er mich. Natürlich wollte ich das. Er legte mir die Hände auf und betete mit mir. Und das für mich Unfassbare geschah: Von diesem Augenblick an konnte ich Gott lieben eine neue Qualität des Glaubens begann. Ich konnte singen, wenn ich mit dem Auto unterwegs war. Und es fiel mir viel leichter, nicht nur liebenswerte Menschen zu lieben.

Einige Wochen später war ich in Las Vegas. Ich hatte mir dort einen Leihwagen gemietet und bin in die Wüste gefahren. Ich liebe Wüsten. Im Death Valley, das wir alle von Karl May kennen, habe ich mich die großen Dünen herunterrollen lassen und habe Gott meine neue Liebe laut zum Himmel gerufen. Eine neue Dimension von Freiheit hatte begonnen.

»Jesus lebt« auf dem Frankfurter Flughafen

Hier auf dem Frankfurter Flughafengelände, wo wir gerade miteinander sprechen, hatte ich vor Jahren eine Begegnung mit einem der bekanntesten deutschen Sportreporter vereinbart. Zu diesem Gespräch kam der damals gerade frisch gewählte »beliebteste Sportmoderator Deutschlands« (»Goldener Bär«) extra vom Mainzer ZDF-Sportstudio angereist, um sich mit mir über den Glauben an Jesus zu unterhalten. Als ich ihn fragte, was Jesus für ihn bedeutete, rannen Tränen über seine Wangen. Ich dachte, ihm sei schlecht geworden und fragte nach seinem gesundheitlichen Ergehen. Er winkte ab und sagte: »Jedes Mal wenn ich darüber nachdenke, wer Jesus für mich ist, überkommt mich eine tiefe Freude. Und dann kullern schon mal die Tränen.«

Dieser Mann identifizierte sich mit dem Bekenntnis des Apostels Paulus: »Wer kann mich scheiden von der Liebe Gottes? Ich bin gewiss, dass weder Tod noch Leben, weder Gegenwart noch Zu-

kunft ... mich scheiden können von der Liebe Gottes, die erschienen ist in Jesus Christus.« Und er fügte hinzu: »Wer das einmal begriffen hat und von Christus ergriffen worden ist, den kann nichts mehr auf dieser Welt erschüttern.«

Bei diesem Gespräch war meine bildhübsche 19-jährige Tochter Regina dabei. Wir freuten uns gemeinsam über diese konkurrenzlose Wohltat, in Gottes Liebe geborgen sein zu dürfen. Zehn Jahre später (1998), lag Regina auf dem Sterbebett. Sie war abgemagert bis aufs Skelett, aber sie lebte aus der unbegreiflichen Kraft Gottes in ihrer körperlichen Schwachheit: Jesus war ihr einziger Trost im Leben und im Sterben. In dieser Gewissheit ging sie heim in sein Reich. Auf ihrem Grabstein sieht man ein geöffnetes Tor; darüber die Worte »Jesus lebt«.

Am Grabe ihres Bruders Lazarus sagte Jesus zu Martha: »Ich bin die Auferstehung und das Leben. Wer an mich glaubt, der wird leben, selbst wenn er stirbt ... Glaubst du das?« (Johannes 11, 25) Dieser Auferstehungsglaube war es, der meine Tochter inmitten einer todverfallenen Welt auch auf der Krebsstation beflügelte und sie zu einer Botschafterin Christi machte. Sie strahlte einen Frieden und eine Liebe aus, die hoffnungslose Menschen in ihrer Umgebung zum Glauben erweckte. Selbst an ihrem Totenbett, wo wir uns als Familie mit ihrem sechsjährigen Töchterchen Berenike von ihr bis zum Wiedersehen im Himmel verabschiedeten, kam eine junge Frau zum Glauben an Christus. Sie war überwältigt von der Zuversicht und der kraftvollen Hoffnung über den Tod hinaus, die Regina und uns als ihre Eltern und Familienangehörigen erfüllten.

Eingangstor für Glaubensgespräche finden

Bei unserem damaligen Gespräch hier auf dem Frankfurter Flughafengelände entdeckte uns plötzlich eine Gruppe vornehmer Geschäftsleute. Einer von ihnen stieß regelrecht einen Jubelschrei aus: »Den kennen wir doch!« Der Sportmoderator reagierte ganz gelassen: »Wenn wir denen sagen, dass wir über Jesus reden, schlägt die Begeisterung in Enttäuschung um.«

Wie fangen Sie mit solchen Skeptikern ein Glaubensgespräch an?

Ich habe Menschen getroffen, die mir höflich zu verstehen gaben: »Geben Sie sich keine Mühe, ich brauche Gott nicht.« In einem solchen Fall ist – menschlich gesprochen – jede Liebesmühe umsonst. Aber Gott hat andere Möglichkeiten, die wir nicht kennen.

Ich glaube, jeder Mensch hat eine Geschichte mit Gott. Die einen haben ihn gefunden und leben mit ihm, bei anderen hat sie relativ früh ausgesetzt. Ich bin Menschen begegnet, die ein katholisches Gymnasium besucht haben und täglich zur Messe gehen mussten. Da wurde in der Regel jegliche Form von freiwilligem, hoffnungsvollem Glauben erstickt.

Manchmal setzen spätere Anknüpfungsversuche auch bei Erschütterungen an. Ich kann den anderen nur dort abholen, wo er stehen geblieben ist. Erst wenn ich dieses Eingangstor gefunden habe, kann ich eine existenzielle Betroffenheit überhaupt bewirken. Das kann ein quälendes Problem sein, die ungelöste Sinnfrage, bedrängende Schuld oder irgendeine Sucht, hinter der eine ungestillte Sehnsucht steckt.

Wichtig in diesem Zusammenhang ist, dass ich nicht meine eigene Strategie verfolge, d. h. dass ich mir nicht Menschen »vornehme«, auf die ich mich leicht einstellen kann. Ein Glaubensschritt ist immer Gottes Sache und nicht meine. Ich bin deshalb am besten beraten, wenn ich ihn frage: »Wer, Herr?« und »wann, Herr?«

Als ich zum ersten Mal Christen zuhörte, merkte ich, dass ich selbst nicht frei war. Es gibt da eine Art von »Naturgesetz«: *Jeder Sklave hört zu, wenn ein freier Mensch spricht.* Freiheit ist ein kostbares Gut, das Gott uns anvertrauen will.

Papierschiffchen: Kinderspiel und Lebensernst

Nun gibt es Menschen, die manchmal einen Kick brauchen, einen sanften Anstoß. Wie kann man da vorgehen?

In der Nähe meines Elternhauses floss ein kleiner Bach. Als Kinder machte es uns Spaß, kleine Papierschiffchen zu bauen und sie auf das schnell fließende Wasser zu setzen. Wir liefen dann neben unseren zunächst schnell schwimmenden Schiffchen her und freuten uns, wenn sie mühelos dahinglitten.

In diesem Bach gab es aber auch Steine, alte Baumstücke und schiefe Uferböschungen. Deshalb geriet hin und wieder einmal eines der kleinen Schiffchen in einen kleinen Nebenstrudel hinter einem großen Stein. Es war aus der Hauptströmung geraten, drehte sich im Kreise und kam nicht mehr in den lebendigen Strom hinein. Wenn wir dieses festgefahrene Schiffchen nur mit dem kleinen Finger anstießen, fand es den Weg sehr schnell zurück in den lebendigen Strom, um das Ziel zu erreichen.

Manchmal brauchen Hilfe suchende Menschen nur einen sanften »Kick«, um aus dem festgefahrenen Nebenstrudel wieder in den richtigen Strom des Lebens zu geraten, an dessen Ende Gott auf sie wartet.

Wissen umsetzen

Für diejenigen, die nicht nur wissen, sondern auch umsetzen wollen, sage ich manchmal nach einem Vortrag: »Wir haben viel *über* Gott geredet. Jetzt wollen wir auch noch *mit* ihm reden.«

Das hört sich dann z. B. so an:

»Herr Jesus Christus!
Ich habe bisher mein Leben ohne dich gelebt, weil ich davon überzeugt war, es allein schaffen zu müssen. Jetzt weiß ich, dass ich den stetig wachsenden Herausforderungen einer sich schnell ändernden Welt ohne deine Hilfe nicht gewachsen bin. Ich nehme dein Angebot an, mein Wegbegleiter zu werden und noch einmal von vorn beginnen zu können. Ich gebe dir alle Schuld meines Lebens und danke dir dafür, dass du mit deinem Tod am Kreuz mir einen neuen Anfang ermöglicht hast. Ich lade dich ein, das Steuer meines Lebens zu übernehmen. Bitte, hilf mir, ab heute so zu leben, dass dir mein Leben gefällt und dass andere Menschen entdecken, dass ich jetzt mit dir lebe.«

Ich erinnere mich an zahlreiche Menschen, die ein solches Gebet gesprochen haben. Viele von ihnen waren Manager und Führungskräfte – und alle waren hinterher bessere Manager und bessere Führungskräfte.

Wer Gott so anredet, ist bereits ein Grenzgänger und entdeckt, dass der Herr der Welt an der Grenze unseres Begreifens und Könnens längst auf uns gewartet hat, um uns ein neues Leben zu schenken: neue Energie, neue Freiheit, neue Gewissheit, auf dem richtigen Weg zu einem richtigen Ziel zu sein.

Georg Christoph Lichtenberg hat einmal gesagt:

»Die Klugheit eines Menschen
lässt sich an der Sorgfalt ermessen,
womit er das Zukünftige
und das Ende bedenkt.«

Und C. S. Lewis bringt dieses Geschehen so einfach auf den Punkt, dass es selbst Kinder verstehen können.

»Du kannst nicht immerfort ein gutes Ei sein. Entweder du lässt dich ausbrüten oder du verfaulst.«

hänssler

Weitere Titel aus dieser Reihe:

Günther Klempnauer
Als die Russen kamen
Kindheitsträume. Fluchttragödien. Versöhnung.
Gb., 180 S., s/w-Abb.
Nr. 393.909, ISBN 3-7751-3909-5

Dokumente vom Untergang des »Dritten Reichs«: Betroffene berichten von traumatischen Ereignissen, Bombardierungen, Zerstörungen, Flucht.

Claude R. Foster
Paul Schneider
Seine Lebensgeschichte
Gb., 740 S., 50 s/w-Abb.
Nr. 393.660, ISBN 3-7751-3660-6

Paul Schneider, der Prediger von Buchenwald, kämpfte während des Hitler-Regimes konsequent für seinen Glauben. Dafür büßte er mit Haft im KZ und letztlich mit dem Tod. Ein beredtes Zeugnis!

Bitte fragen Sie in Ihrer Buchhandlung nach diesen Büchern!
Oder schreiben Sie an den Hänssler Verlag,
D-71087 Holzgerlingen.